Où obtenir ce manuel gratuitement, au prix coûtant ou par donation:

www.ace5handbook.com
www.etcontacthub.com
www.Amazon.com

Dédié à nos fils et nos filles et à tous les enfants du monde

Remerciements:
Nous apprécions grandement notre équipe de traducteurs qui a contribué leurs efforts à cette version française: Anael Tremblay, Jean Romeze, Brigitte Dallaire et Alex Lee.
Un avenir prometteur arrive quand nous agissons. Merci d'avoir pris action!

SOMMAIRE

	A	B	C	D	
1	Type Adamski 10 m de diamètre	Grande soucoupe volante type 50 m de diamètre	Mothership 300-3000 m longueur	Forme de cylindre Différentes longueurs	1
2	Type de soucoupe Flyer "ancien"	OVNI en forme de "Saturne"	Vue sur l'Afrique de 70 m de long	Photographié en Californie 1957	2
3	Photographié en 1950 et 1954	"Trinidad Saucer" Brésil 1958	Objet à queue de feu, 1948	Forme de fusée gravée en Italie	3
4	Vu en 1947 de 70 m de diamètre	Un «nouveau type» photographié au Brésil	Forme ovale de 25 m de long, 1952	Vu aux États-Unis et en Italie	4
5	Type de dôme "commun"	Photographié en Californie et Oregon	Cigare avec Jet Escape, 1952	Forme ballon 20cm. - 20m diamètre	5
6	Forme dôme moyen	Photographié en Nouveau-Mexique 1963	Mothership in forme de cigare	Cône ou objet avec en haut	6
7	Type soucoupe 1965	Photographié en Californie 1965	Forme de cigare ailé 1952	Forme angulaire USA 1961	7
8	Photographié en Corée	Forme du disque 1950	Forme de cylindre ailé		8

De l'Atlas mondial de Mystères de Francis Hitching. Dessins de Kurt Aasheim, mars 1967. Les objets ne sont pas dessinés à l'échelle.

PREMIÈRE PARTIE:

INTRODUCTION AU CE-5

QU'EST-CE QUE LE 'CE-5'?

«CE-5» est un acronyme en anglais pour dire «Close Encounter of the 5th Kind», soit «Rencontre Rapprochée du cinquième type ou RR-5» en français.

Une «rencontre rapprochée» est un terme inventé par le Dr J. Allen Hynek, qui a étudié les objets volants non identifiés (OVNIS) avec l'US Air Force entre 1947 et 1969. Le système de classification d'origine créé par Hynek comportait trois types, et la liste fut rallongée par d'autres par la suite. Les rencontres rapprochées peuvent être divisées en deux groupes:

- Les quatre premiers types de contact, CE-1, 2, 3 et 4, sont tous ceux où la rencontre avec un ovni ou un extraterrestre (ET) est de nature passive; soit accidentelle ou indirecte, ou lorsque les ET initient la rencontre. Si cela se produit, c'est souvent hors de notre contrôle.

- Un CE-5, en revanche, se produit quand les humains initient activement le contact et où nous maintenons une communication bilatérale pacifique avec les extraterrestres.

"À quoi ressemble un CE-5?" Cela pourrait ressembler à beaucoup de choses, mais la plupart du temps, un CE-5 se produit lorsque plusieurs personnes se rassemblent pour méditer et envoyer un message à nos amis ET. Des messages internes et externes sont émis et reçus. Les CE-5 sont le plus souvent effectués sur le terrain sous les étoiles afin de permettre l'observation de plusieurs OVNIS par des témoins oculaires.

"CE-5 ou RR-5?" Veuillez utiliser l'acronyme qui vous convient le mieux. Nous avons décidé d'utiliser le terme CE-5 en accord avec d'autres communautés de contact car il devient un terme mondial omniprésent. L'unité est un thème central dans le travail de contact et nous voulions donc rester unis avec la communauté dans sa globalité. Cependant, nous reconnaissons également que chaque langue et culture unique doit être honorée. Bien que nous ayons fait un choix pour ce document, veuillez suivre vos propres usages sur le terme qui convient le mieux à vous et à votre groupe. Nous sommes un, et nous sommes aussi des parties diverses du Grand Tout!

Lorsque Hynek a commencé son étude sur les ovnis, il était très sceptique. Mais en étudiant le sujet, il est devenu convaincu que tous les ovnis ne pouvaient pas trouver d'explication tangible. À la fin de ses années de recherche, il a fait cette déclaration audacieuse concernant l'intelligence extra-terrestre (IET) et l'intelligence extradimensionnelle (IED): «Il existe suffisamment de preuves pour défendre les deux.»

BIENVENUE DANS NOTRE GUIDE DE CE-5!

Notre intention est de vous fournir un guide facile à suivre et pratique que vous pourrez emporter sur le terrain afin de prendre contact avec notre famille des Étoiles.

Pourquoi rentrer en contact? Vous pourriez être surpris d'apprendre que le but de communiquer avec des extraterrestres ne se limite pas à une observation visuelle ou de tenter de sauver le monde. Ce dialogue extraordinaire concerne vraiment le don de l'expansion de votre propre conscience.

Dans ce contexte, observer des vaisseaux ou exploiter l'énergie libre est hors de propos! Mais, naturellement, ces résultats se manifesteront naturellement comme un sous-produit de notre évolution.

Chacun de vous a son propre chemin afin de trouver votre Moi « étendu» et Universel. Choisissez parmi les techniques présentées ici et laissez-les susciter votre inspiration de sorte à créer vos propres recettes de contact.

Nous espérons que vous prendrez plaisir à créer des expériences riches, passionnantes et édifiantes avec nos amis ET.

L'expansion de la conscience est amusante.

Amusez-vous !

HISTORIQUE DU CE-5

Les protocoles de contact CE-5 ont été co-créés par le Dr Steven Greer et plusieurs extraterrestres en 1973. Ces êtres ont partagé avec Greer l'importance d'enseigner ce protocole à l'être humain, ce qu'il a réellement commencé à faire quelques décennies plus tard. Le contact initié par l'être humain existait par ailleurs en dehors du protocole qui lui a été communiqué. Voici quelques exemples:

- A travers l'Histoire, les chamanes des cultures autochtones du monde entier ont un lien fluide avec ET.

- Le 15 mars 1954, un groupe de chercheurs a envoyé un message télépathique dans l'espace, désignant la journée comme «Journée mondiale du contact». Depuis, ils ont tenu de nombreuses sessions et ont observé un pic d'observations d'OVNIS ce jour-là.

- Dans les années 60, des groupes de hippies aux États-Unis et au Royaume-Uni ont envoyé et reçu des messages d'ET.

- En 1974, Sixto Paz Wells et le groupe péruvien «Rahma» ont commencé à envoyer et à recevoir des communications, notamment en invitant la presse internationale à confirmer et à rapporter des observations d'OVNI de multiples témoins, programmées à l'avance.

Le Dr Greer a fondé le groupe CSETI (Centre d'étude de l'intelligence extraterrestre) en 1990. Pendant de nombreuses années, le Dr Greer a mis en place et enseigné les protocoles de contact par l'intermédiaire de ce groupe sous la houlette de Kosta Makreas, «The People's Disclosure Movement». Le nom « CE-5 » s'est répandu dans le monde entier. De nombreux groupes différents établissent des contacts en s'inspirant du protocole CE-5 ou selon leur propre méthode. Bien que personne ne sache exactement combien de personnes ou de groupes participent régulièrement au CE-5 à travers le monde, on estime que ce nombre se chiffre en milliers... et ne cesse d'augmenter.

Le protocole original implique la connexion à un esprit Unique et la visualisation à distance afin de « vectoriser » des ET sur votre position et leur montrer où vous vous trouvez. Des sons qui ont été enregistrés lors d'autres lieux d'observations (type cercles de culture/crop circles) sont joués, et des lasers et autres types d'équipement sont utilisés. Le Dr Greer serait la première personne à dire que vous n'avez pas à utiliser ses protocoles afin d'établir un contact. Vous établissez le contact quand vous êtes prêts, à votre manière. La chose la plus importante à retenir de ce document est que le meilleur protocole est découvert lorsque vous suivez vos propres instructions et les personnalisez.

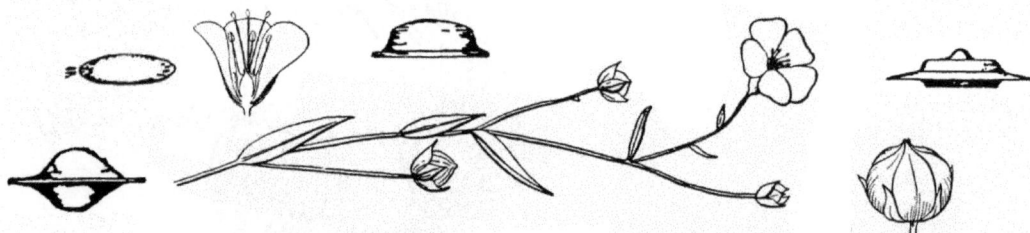

"Sixto et Kosta sont des noms sympas. Je veux en savoir plus à leur sujet."
Reportez-vous à la section "Qui est qui dans l'animalerie" à la fin de ce document pour consulter les biographies des principaux personnages de CE-5.

"Avec QUI entrons-nous en contact?""
Des extraterrestres? Des êtres célestes? Des Esprits? Des Entités énergétiques?

Les vieux paradigmes supposaient que nous contactions des extraterrestres physiques pilotant des engins physiques. Cela peut être vrai: certains extraterrestres peuvent être des êtres physiques au sens où nous comprenons la réalité 3D. Cependant, nous pouvons déduire logiquement des observations, des expériences et des phénomènes observés dans l'histoire de l'ufologie que beaucoup, sinon tous, ont des capacités inter-dimensionnelles. Ils peuvent s'associer à, ou même être des êtres non physiques ou un esprit / une source. Quoi qu'il en soit, nous savons que nous sommes en contact avec des êtres bienveillants qui s'intéressent principalement à l'expansion de la conscience de l'humanité et que la chose la plus importante qu'ils apportent à notre dialogue est l'amour. Comment le savons-nous? Parce que nos expériences internes et externes ont toutes été positives et que nous n'obtenons pas d'observations à moins que nous n'ayons nous-mêmes un état d'esprit proche de l'amour de son prochain.

"Et si vous vous trompiez?" Si nous ne communiquons pas avec des entités bienveillantes, la seule explication de nos expériences est que, individuellement ou en groupe, nous, Humains, avons la capacité de manifester ce que nous voulons ou ce à quoi nous nous attendons. Quel serait le sens de tout cela si c'était le cas? Que nous ne pouvons pas manifester ces résultats incroyables sans amour et que nous sommes dans le processus de déterminer notre vrai potentiel. C'est tout aussi cool!

HISTORIQUE DU GROUPE DE CALGARY:

En 2013, un ami et moi avons regardé le documentaire Sirius. Nous étions tellement excités que nous avons formé un groupe CE-5. Notre première sortie s'est déroulée lors d'une journée d'été sous un ciel clair à l'exception d'un petit groupe de nuages que j'ai signalé au groupe: "Cela ne ressemble-t-il pas au mot" Salut "? Nous avons tous ri et sommes retournés à notre méditation. Nous aurions dû prendre une photo! Je crois maintenant que nos amis venus des Étoiles nous avaient réservé un accueil subtil. Pendant trois ans, nous avons eu des expériences internes. Parfois, un individu pouvait voir des phénomènes anormaux. Nous étions frustrés de ne pas avoir eu des observations de groupe. Puis, quelques-uns d'entre nous sont descendus au Mont Shasta à une retraite organisée par l'inimitable et merveilleux Kosta Makreas. Quelle expérience de contact étonnante! À notre retour, nous savions mieux quoi chercher dans les cieux. Depuis lors, la dernière année a été une magnifique représentation de (par ordre croissant d'éléments qu'on ne peut nier):

- De nombreuses «présumées météorites». La principale anomalie de celles-ci étant leur grand nombre, alors que ce n'était pas un jour de « pluie de météores ».

- De nombreux "supposés satellites". Certains émettent des scintillements ou des flashs.

- Des couleurs chatoyantes anormales dans l'amas d'étoiles des Pléiades.

- Une lumière plus brillante qu'une planète, apparue au travers d'un nuage. Lorsque le nuage s'est dissipé, la lumière avait disparue.

- Des multitudes de flashs et séries de flashes (de petits éclairs de lumière ressemblant à un flash d'appareil photo — reportez-vous au glossaire). Par deux fois, nous avons observé plus de 50 événements consécutifs traversant le ciel.

- Deux lumières très lumineuses volant bas, une assez basse pour passer et éclairer un nuage (nous les avons regardées ralentir presqu'à la limite de l'horizon).

- Un grand orbe qui descendait lentement du ciel comme une plume qui tombe au sol.

- Une lumière très brillante qui bougeait, s'arrêtait, bougeait, s'arrêtait encore et puis, est partie d'un seul coup à grande vitesse.

Nous sommes vraiment impatients de voir la suite. Ces trois années « sèches » nous ont été nécessaires - nous avions beaucoup de travail à faire avant d'être prêts à faire ces observations. Ne pensez pas qu'il vous faudra trop longtemps pour voir quelque chose! Récemment, les observations ont été plus fréquentes et plus faciles d'accès. Maintenant, les gens qui nous rejoignent font des observations lors de leur première nuit sur le terrain. Si vous mettez en œuvre les recommandations de ce guide, nous pensons que vous aurez probablement une observation dans les six prochaines sorties.

Cielia et le groupe CE-5 de Calgary

ÉLÉMENTS-CLÉS:

Que vous suiviez les protocoles originaux du CSETI, c'est à vous de décider.
Quoi que vous fassiez, trois éléments-clés sont nécessaires pour entrer en contact:

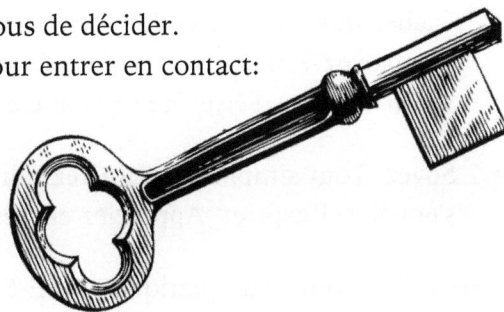

1. Une connection à la Conscience Universelle

2. Un coeur sincère

3. Une intention claire

1. UNE CONNECTION À LA CONSCIENCE UNIVERSELLE

Vous aurez besoin de vous connecter à la Source aussi bien dans votre vie quotidienne que pendant les CE-5. Si vous dirigez un groupe, vous encouragez les autres à accéder à l'état d'unicité avec tout ce qui est. Voici quelques techniques pour apprendre à vous et aux autres comment accéder à la Conscience Universelle.

- Commencez par prendre conscience de votre propre conscience et diffusez-la en vous associant à la conscience de chacun et de tout ce qui se trouve à proximité... l'herbe, les arbres, les autres membres de votre groupe, les habitants du quartier, les automobilistes sur la route. Permettez à votre conscience de s'étendre à la leur et imaginez ce qu'ils ressentent au cours de leur vie.

- Détachez-vous de votre propre conscience individuelle. Observez-vous d'une vue d'oiseau. Soyez la plus grande conscience au-delà de l'individu. Regardez-vous d'en haut. Nommez-vous: «Jean est assis avec son groupe. On dirait qu'il s'amuse! »

- Élargissez la limite de qui vous êtes si loin que votre corps tout entier englobe l'univers entier. Vous êtes l'univers. Toutes les étoiles, galaxies, nébuleuses et planètes existent dans vos bras, vos jambes, votre torse et votre tête. Visualisez l'activité des étoiles en train de naître et de mourir, la vie sur d'autres planètes, les grands mouvements des systèmes solaires... et incluez le trafic spatial intergalactique!

- Sachez que le passé et l'avenir n'existent pas. Tout se déroule maintenant. Si tout est maintenant et que chaque instant se passe simultanément ET si la réincarnation est réelle, ne serait-il pas possible que chaque personne que vous rencontrez soit une version de vous-même vivant dans une autre vie? Imaginez ce que c'est que d'être l'autre au sein de votre groupe. Imaginez quand vous les regardez que vous vous regardez dans un miroir à ce moment-là.

- Visualisez-vous connecté au grand tout. Des fils invisibles vous connectent-ils d'un cœur à l'autre? Une corde au plexus solaire? Voyez l'extension de vous-même connectée avec toutes les autres formes de vie dans un réseau de lumières interconnectées.

- Gardez à l'esprit la certitude que l'énergie ne meurt jamais, que chaque action vous connecte au monde et à tous ceux qui vous entourent. Pensez à l'effet papillon.

- Rappelez-vous que si vous n'existiez pas, rien de tout cela ne pourrait exister. Vous faites partie intégrante de l'Univers.

- Sachez que vous faites partie de Dieu / Source / Cosmos / Univers / Tout ce qui est / Créateur. Que voyez-vous ou sentez-vous à travers vos propres yeux, sachant cela? Comment vous sentiriez-vous d'être Dieu (ou autre) en regardant à travers vos yeux?

- Soyez. Tout simplement. Restez calme et laissez toutes les pensées qui en découlent simplement s'envoler. Respirez. Appréciez et ressentez l'amour.

Il est très utile pour votre pratique du CE-5 de vous connecter régulièrement à cette Conscience Universelle afin de devenir plus habile à accéder à cet état d'esprit. Si vous ne maîtrisez pas ces techniques, ne vous en faites pas. Nous connaissons des gens qui « luttent » pour la méditation et la visualisation, mais leurs esprits gentils, humbles et reconnaissants les connectent sans équivoque à cette Conscience Universelle d'une telle manière qu'elle éclipse peut-être une intention consciente.

2. UN COEUR SINCÈRE

Ayez une intention d'Amour

Rien à prouver

Soyez Véritable

3. UNE INTENTION CLAIRE

Pourquoi faites-vous cela?

- Afin de faciliter votre évolution
- Pour permettre et recevoir des guérisons
- Pour élever l'humanité
- Pour une initiative diplomatique
- Pour alimenter / donner de l'espoir
- Pour recevoir le cadeau d'observations visuelles
- Pour confirmer que nous ne sommes pas seuls
- Pour documenter des preuves
- Pour une demande d'intervention cosmique
- Pour aider à stabiliser et à donner de l'harmonie à la terre
- Pour montrer de la volonté et de la disponibilité pour la prochaine étape du contact
- Pour aller plus vite vers les dispositifs d'énergie libre et la liberté pour l'humanité
- Pour mettre en place des actions pour créer un monde meilleur pour nos enfants
- S'amuser!
- Etc.

Clarifiez votre intention avant de commencer et clarifiez-la au fur et à mesure. Cela peut changer si vous changez, soit pendant un CE-5, soit dans votre vie quotidienne. Vous pouvez avoir plusieurs intentions en même temps.

Intentions durant un CE-5:

Lorsque vous démarrez le CE-5, définissez l'intention de la nuit avec votre groupe dans le cadre de votre processus. Vous pouvez faire le tour et demander aux gens de partager leur intention unique, ou vous pouvez demander à quelques volontaires de s'exprimer et de fournir une intention de groupe sur laquelle tout le monde peut s'entendre.

Pendant le processus de contact, vous pouvez également modifier ou ajouter des éléments au fur et à mesure. Par exemple, si vous observez un présumé satellite, vous pouvez, en tant que groupe, rassembler vos esprits et votre cœur et demander que celui-ci change de direction ou de puissance, ou émettre le souhait qu'un engin se rapproche. Si les nuages vous gênent, vous pouvez tenter ensemble une activité visant à supprimer les nuages. Vous pouvez également demander aux moustiques de partir ou au groupe de se sentir plus au chaud. Vous voudrez peut-être faire un groupe de guérison pour quelqu'un. Exprimer une intention en tant que groupe amplifie l'intention de façon exponentielle - pour en savoir plus à ce sujet, reportez-vous aux études scientifiquement validées menées sur la manière dont la méditation transcendantale (TM) réduit les taux de criminalité en milieu urbain jusqu'à 70%.

Lorsque vous avez terminé votre travail sur le terrain, définissez certaines intentions pour l'après-CE-5, en vous rappelant de garder les yeux et les autres sens ouverts pour une communication potentielle lors du trajet de retour, lors de vos rêves dans les jours qui suivent.

"Qu'est-ce qu'un Power-up?"
Pour une définition de ce terme et d'autres termes inconnus, consultez le glossaire au dos.

AUTRES ÉLÉMENTS UTILES

Les trois premiers ingrédients pour établir le contact sont des principes de base issus de l'expérience du Dr Greer. Voici quelques composants supplémentaires pour augmenter les contacts issus de notre propre savoir-faire.

- Vibration

- Cohérence et Cohésion

- Croyance

"GOOD, GOOD, GOOD, GOOD... GOOD VIBRATIONS"

Si nous acceptons le concept que la réalité tout entière fonctionne selon une hiérarchie vibratoire, avec des densités énergétiques de plus en plus grandes, des états dimensionnels ou de conscience recouvrant un vaste continuum, nous reconnaissons que les extraterrestres, les maîtres ascensionnés, les êtres angéliques et d'autres entités occupent une place vibratoire plus élevée que notre monde matériel limité à la 3D. Comme ils vibrent à un taux plus élevé que nous, les humains, ils existent en dehors de notre gamme naturelle de perception. D'une certaine manière, nous sommes aveugles à la vaste portion de la nature sauvage cosmique. Mais nous ne sommes pas complètement bloqués. La bonne nouvelle est que nous sommes aussi des êtres éternels et multidimensionnels. Si nous parvenons à accélérer notre propre fréquence vibratoire, en essayant d'élever ou de faire correspondre nos propres vibrations énergétiques à celles des ET, nous avons une plus grande chance de nous voir réellement et d'établir un lien réel et tangible. Lyssa Royal Holt qualifie cet état souhaitable de «terrain d'entente».

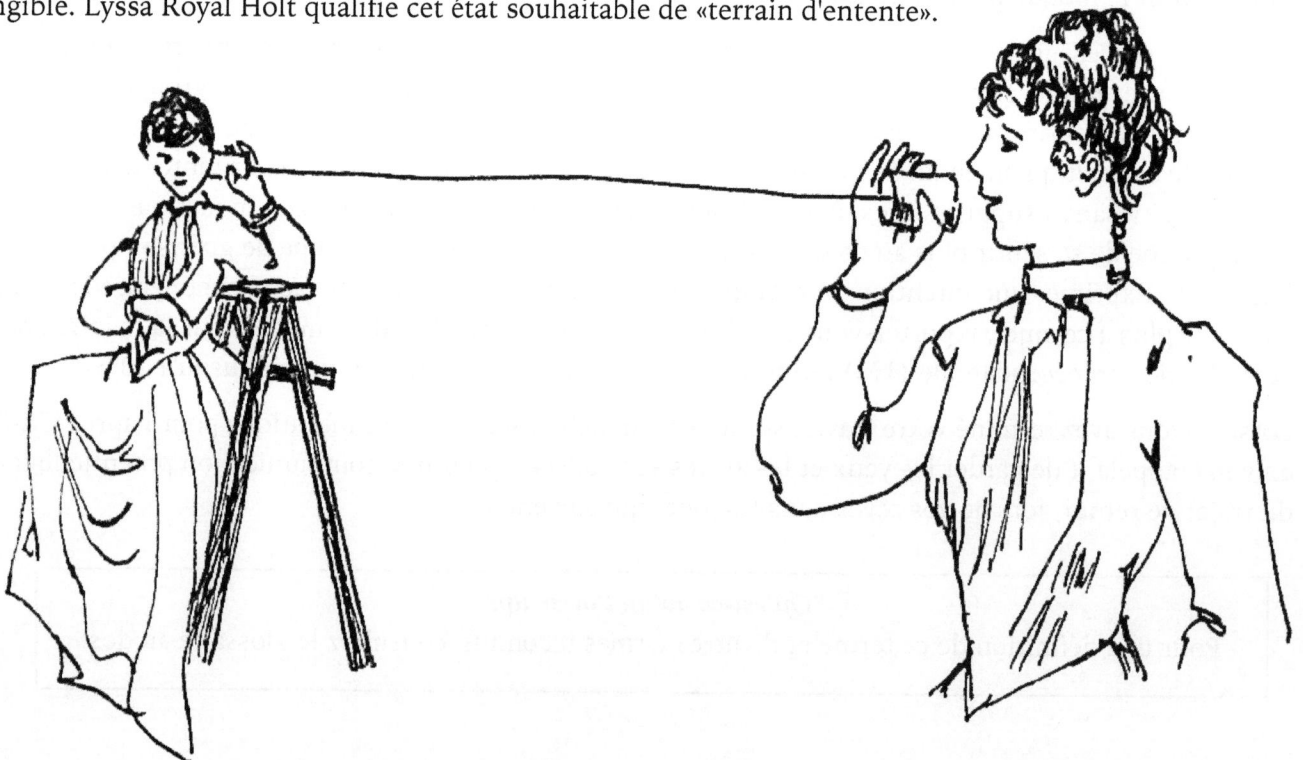

Comment élever votre vibration ?

Pendant un CE-5, votre fréquence énergétique peut être augmentée de différentes manières:

- Soyez conscient de votre corps éthérique, de votre « moi supérieur » et de tous les aspects de vous-même au-delà de la 3D.

- Soyez enjoué. Les ET joueront avec vous, alors amusez-vous.

- Gardez l'ambiance du CE-5 légère et heureuse.

- Détendez- vous. Vous pouvez voir ou ne pas voir quelque chose sur votre prochain CE-5, mais vous aurez une progression à un moment donné.

- L'appréciation est le moyen le plus rapide d'augmenter votre vibration. Soyez reconnaissant pour votre compagnie, la nuit, les étoiles, l'infini, la vie, des pointeurs laser cool.

- Soyez vous-mêmes. Vous êtes entourés de personnages semblables à vous-mêmes, alors allez-y et laissez-vous un peu aller.

- Restez à la limite entre sommeil et éveil. Entrez dans un état d'ondes cérébrales thêta.

- En préparation à un CE-5, méditez en groupe ou individuellement. Aussi, en général, méditez beaucoup.

- Rappelez à tous que nous ne sommes pas seulement des êtres physiques, mais que nous sommes des êtres éternels et spirituels dotés de nombreux aspects du soi. Plus nous développons notre conscience, plus nous pourrons percevoir avec une vision universelle et expérimenter davantage de phénomènes.

- Attendez-vous à ce qu'il se passe quelque chose. Vous êtes un être éternel infini et vous aurez un contact, tôt ou tard.

- Pour autant, soyez détaché. Essayez de ne pas être déçu ou découragé si rien ne semble se passer aujourd'hui. Préférez l'expérience, mais gardez à l'esprit que vous n'en avez PAS BESOIN.

Tableau des taux cérébraux EEG

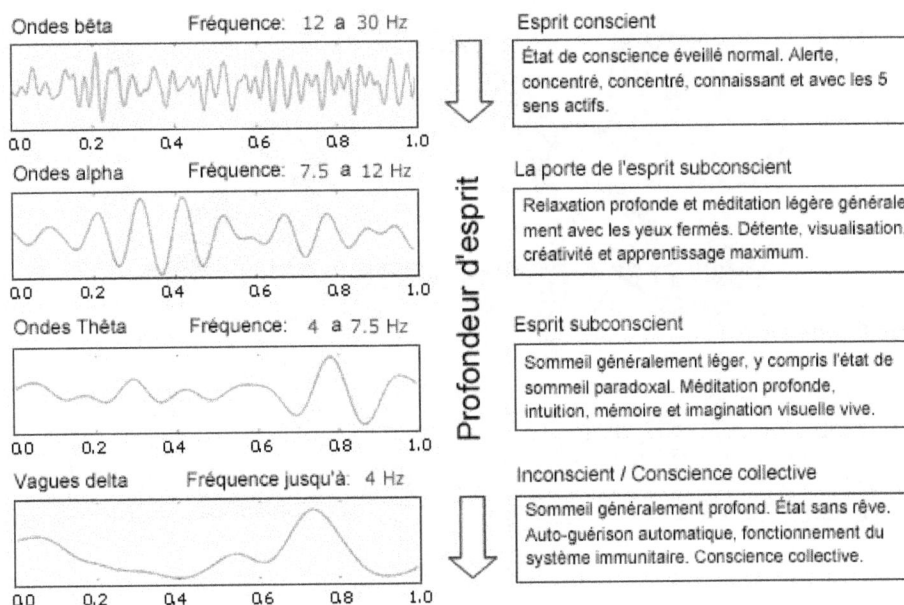

Ondes bêta — Fréquence: 12 a 30 Hz — Esprit conscient
État de conscience éveillé normal. Alerte, concentré, concentré, connaissant et avec les 5 sens actifs.

Ondes alpha — Fréquence: 7.5 a 12 Hz — La porte de l'esprit subconscient
Relaxation profonde et méditation légère générale-ment avec les yeux fermés. Détente, visualisation, créativité et apprentissage maximum.

Ondes Thêta — Fréquence: 4 a 7.5 Hz — Esprit subconscient
Sommeil généralement léger, y compris l'état de sommeil paradoxal. Méditation profonde, intuition, mémoire et imagination visuelle vive.

Vagues delta — Fréquence jusqu'à: 4 Hz — Inconscient / Conscience collective
Sommeil généralement profond. État sans rêve. Auto-guérison automatique, fonctionnement du système immunitaire. Conscience collective.

Profondeur d'esprit

Traduit de: http://www.mind-your-reality.com/brain_waves.html

Élever votre vibration peut être aussi simple que de vivre dans le cœur:

"Choisissez l'amour.

"Dans la vie, nous avons le choix entre une pensée d'amour et une pensée de peur.

"La peur est l'énergie qui contracte, qui clôt, qui s'enfuit, qui cache, qui s'approprie, qui nuit.
L'amour est l'énergie qui se développe, qui s'ouvre, qui reste, qui révèle, qui partage, qui guérit.

"La peur enveloppe nos corps dans nos vêtements, l'amour nous permet de rester nus.
La peur s'accroche à tout ce que nous possédons, l'amour relâche et donne tout ce que nous avons.
La peur est proche, l'amour nous est cher.
La peur saisit, l'amour laisse aller.
La peur s'agite, l'amour apaise.
Les attaques de peur, l'amour corrige.

"Chaque pensée, chaque mot ou chaque acte humain est basé sur une émotion ou sur une autre.
Vous n'avez pas le choix à ce sujet, car il n'y a rien d'autre à choisir.
Mais vous avez le choix libre de choisir parmi ceux-ci. **"**

— Conversations avec Dieu de Neale Donald Walsch

En élevant votre propre vibration et celle du groupe, sachez que vous influencez le monde et l'univers. Imaginez que cela se produise à grande échelle, où nos ondes cérébrales sont les vibrations émanant de la planète, atteignant et se connectant avec des êtres de conscience supérieure.

"Dans une salle pleine d'instruments à cordes, une seule corde vibrante suffit pour que toutes les autres commencent à vibrer en harmonie. Vous pouvez essayer cette expérience à petite échelle en prenant deux guitares et en les plaçant dans une pièce proche l'une de l'autre.

Frappez la corde de n'importe quelle note sur une guitare et l'autre commencera à vibrer aussi, sans être touchée!"

Source inconnue

2. COHÉRENCE ET COHÉSION DE GROUPE

Le niveau de contact expérimenté par un groupe sera souvent proportionnel à la cohérence et à la cohésion de l'effort d'équipe.

La cohérence implique des valeurs, des intentions et des objectifs communs et partagés.

> Tous les membres du groupe sont fondamentalement sur la même longueur d'onde en ce qui concerne ce qu'ils font et pourquoi ils sont là. Il n'y a pas de messages contradictoires. Les ET seront plus réceptifs et capables (à un niveau vibratoire et énergétique) de réagir et d'interagir avec des groupes dont l'intention et le message sont unifiés et qui peuvent élever leur propre fréquence en projetant collectivement un fort sentiment de paix, d'amour, de bonne volonté, de confiance et de gentillesse. Permettez à ces bonnes vibrations et intentions de se propager généreusement de votre groupe et jusque dans le cosmos. Les ET pourront se saisir de cette intention et y répondre de la même manière.

La cohésion a à voir avec la façon dont une équipe fonctionne bien comme une unité.

> Si votre groupe manque d'organisation, d'ordre, et présente des conflits internes ou des tensions, alors le résultat des contacts peut en souffrir. Supposons que les ET analysent à distance votre équipe et voient ce qui se passe. S'ils sentent la discorde, la négativité, une ambiance désagréable ou une équipe qui opère de manière négligente, maladroite et non préparée, ils peuvent être réticents à s'approcher. En fait, d'un point de vue vibratoire, ils peuvent même ne pas être capables de s'approcher. Les groupes de contact qui font preuve d'un bon travail d'équipe, de coopération, de collaboration, d'intégrité et de respect mutuel, tout en projetant un fort sentiment d'amour, d'harmonie, de paix et de bonne volonté connaîtront naturellement un plus grand succès. Essayez de former et de nourrir une équipe qui fonctionne sans heurts et efficacement comme une famille heureuse. Cela peut prendre du temps, de la patience et de nombreuses sorties de contact, mais il en résultera des niveaux de contact plus profonds et plus satisfaisants.

Comment améliorer la cohésion et la cohérence ?

- En fournissant des informations préliminaires aux nouveaux arrivants avant le travail sur le terrain. Les nouvelles personnes doivent savoir à quoi s'attendre. (Donnez-leur ce guide!)

- Intégrez de nouvelles personnes avec un véritable sens de l'accueil et de la chaleur.

- Si vous avez un grand groupe, demandez à tout le monde de porter des étiquettes d'identification.

- Vous pouvez introduire des activités amusantes pour briser la glace s'il y a de nouveaux ajouts au groupe.

- Lorsque vous démarrez un CE-5, prenez le temps de vous rencontrer avant de regarder le ciel (Plus facile avant que la nuit ne se couche).

- Posez-vous des questions, apprenez à vous connaître et essayez d'écouter autant que de parler.

- Soyez aimant et tolérant.

- Un sourire vaut plus que des mots parfois!

- Partagez un repas ensemble, avant le travail sur le terrain ou entre les événements de contact. Les « auberges espagnoles » ont vraiment aidé notre groupe à la cohérence.

- Acceptez les expériences des autres et leur perception de la réalité, aussi farfelue que cela puisse paraître.

- Essayez d'être sincèrement enthousiasmé lorsque les autres ont une observation ou une expérience intéressante, même si vous vous sentez envieux.

- Prenez des photos de groupe (mais respectez ceux qui souhaitent garder leurs identités confidentielles).

- Ouvrez et clôturez le travail sur le terrain tout en se tenant la main; connectez votre énergie ensemble. (Soyez bref s'il fait froid ou s'il y a des moustiques.)

- Dans le cadre de votre événement de contact, en fonction du lieu, envisagez de faire quelques visites locales en groupe. Ajoutez quelques aventures supplémentaires!

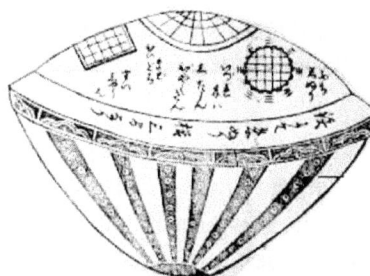

"Utsuro-bune", un ovni japonais.
Observé en 1803, dessin de 1843.

<u>Travail d'équipe et leadership</u>

Le travail d'équipe est un élément très important pour la cohésion. Il semble qu'une augmentation des observations soit corrélée lorsque les personnes partagent le travail. Tout le monde peut contribuer d'une certaine manière. Être un leader efficace qui peut faciliter cela est important! Je dois admettre que j'ai trouvé le leadership décourageant au début. C'est un bon exercice afin de s'améliorer.

Mark Koprowski du CE-5 Tokyo est un dirigeant directif dont je prends des conseils. Il a contribué de manière significative à ce document et j'apprécie ses années d'expérience et sa sagesse. Voici quelques-unes de ses actions pour le travail d'équipe et la cohésion.

- Divisez le travail et attribuez les rôles à l'équipe (par exemple, coordonnateur de site, photographe, preneur d'image, porteur du pointeur laser, des bâtons de sauge, d'encens, enregistreur de son, jumelles, conseiller en événements célestes, chargé de sécurité du site) et assurez-vous que tout le monde sait ce qu'il fait, comment et quand le faire. Essayez de faire en sorte que chacun se sente comme faisant partie de l'équipe en leur attribuant un rôle ou une tâche, aussi petite soit-elle. Même si cela signifie avoir 10 photographes avec rien de plus qu'un téléphone portable, c'est bien. Vous pouvez également attribuer plusieurs rôles à une personne si votre groupe est petit.

- Pour maintenir le sens de l'unité et de la cohésion du groupe, idéalement, une seule conversation devrait avoir lieu à la fois pendant le travail sur le terrain. Si quelqu'un a quelque chose à contribuer, il devrait parler assez fort pour que tout le monde l'entende. Sauf pendant les pauses, évitez les conversations privées si possible.

- Pour équilibrer les énergies masculines et féminines, les membres masculins et féminins devraient être assis de manière alternative dans le cercle de contact: homme, femme, homme, femme, etc.

J'ai un style de leadership plutôt libre. Je sais que j'ai du travail à faire pour être un peu plus directif. Voici les conseils que j'ai rassemblés en cours de route:

- Tempérez les gros bavards et encouragez les moins expansifs. (Assurez-vous de ne pas être l'un des plus bavards! Les leaders extravertis ont souvent cette difficulté.)

- Gardez un œil sur la volonté du groupe.

- Travaillez pour gagner de la confiance en tant que leader et surmontez les insécurités.

- Demandez aux gens où ils veulent aller, ce qu'ils veulent faire.

- Donnez des choix: parfois, les questions ouvertes sont trop ouvertes.

- Quand quelqu'un fait une suggestion, lancez-vous. Si cela ne fonctionne pas, incorporez-la une autre fois.

- Demandez si quelqu'un voudrait choisir / diriger une méditation, s'occuper d'un équipement, sonner une cloche, etc.

Rappelez au groupe que le travail d'équipe fait partie de la cohésion qui apporte les observations. S'ils sont gênés pour participer, ça va, mais ne vous en faites pas trop avec vous-même pour ne pas être submergé ou irrité. Vous n'avez pas à organiser une réunion parfaite avec toutes les cloches et tous les sifflets. Les observations se produisent avec des procédés très simples et sans équipement. En tant que leader, vous devez vous assurer que vous appréciez cela et que vous vibrez à haute fréquence. Placez la barre à un niveau que votre groupe est en capacité de gérer.

Un mot sur les drogues, l'alcool et les armes

La perspective de Mark:

"L'usage ou la possession d'alcool, de drogues ou d'armes dans le contexte du CE-5 est généralement découragé. De la même manière que vous ne consommeriez pas de drogue ou d'armes lors d'une réunion diplomatique de haut niveau aux Nations Unies, vous ne les prendriez pas et ne les utiliseriez pas lors d'un événement de contact impliquant des invités interstellaires. En tant qu'ambassadeurs de l'univers, un sens du décorum, bonnes manières, respect et professionnalisme de base doivent tous être respectés si l'objectif visé est d'établir un contact et une communication. Sachez que les ET seront capables d'analyser à distance votre groupe et de savoir immédiatement si une personne est en état d'ivresse ou si elle est droguée ou si elle représente un danger ou une menace potentielle. Les personnes «sous influence» perdront naturellement un certain degré de maîtrise de soi - physique, mental, émotionnel - et en gardant à l'esprit la sécurité, vous pouvez être presque certain que les ETs ne s'approcheront pas, du moins pas de trop près. Et si le but du travail de contact est de partager et de révéler vos expériences et aventures extraordinaires d'un autre monde à vos amis, votre famille ou le public, à quel point votre voix sera-t-elle crédible si vous ou d'autres personnes étiez en état d'ébriété ou drogué? En tant que diplomates citoyens, nous devons faire tout ce qui est en notre pouvoir pour créer un espace positif, accueillant et sûr pour nos visiteurs galactiques. Cela signifie être en pleine conscience, alerte, sobre et sans arme. Et du point de vue purement vibratoire, les médicaments vont probablement gâcher votre champ d'énergie et réduire votre vibration, ce qui pourrait faire de vous une cible pour les entités négatives ou égoïstes. C'est l'une des raisons pour lesquelles James Gilliland interdit toute forme de drogue dans son ranch. "

Je suis d'accord avec Mark. Notre groupe n'a jamais attiré de participant « sous influence » lors d'un contact. (Pour autant que je sache!) Je ne peux pas imaginer que cela soit utile pour des questions spirituelles ou scientifiques. Une exception serait peut-être si vous utilisez une substance de manière sacrée, en tant que médicament et / ou si un chaman veille sur vous. En tant qu'anarchiste, je dis «Chacun son goût». Dans votre propre expérience, vous découvrirez si les substances intoxicantes sont utiles ou gênantes afin d'entrer en contact avec la conscience. En tant que leader, vous pouvez choisir si vous le permettez ou non. En ce qui concerne les armes, le Canada est quasiment exempt d'armes à feu, alors je ne peux même pas commencer à imaginer quelqu'un qui en amène lors d'un CE-5!

3. CROIRE = VOIR

Notre dépendance aux preuves physiques est un obstacle majeur aux observations. Différentes sources nous disent encore et encore que nous créons notre propre réalité et que notre monde intérieur doit se transformer avant de voir des résultats externes. Les observations d'OVNIS en sont un exemple parfait. Dans la plupart des cas, le niveau de conviction d'une personne est étroitement lié au nombre de «preuves» qu'une personne obtient. C'est un paradoxe drôle de la vie. Tout vient vers vous quand vous n'en avez même plus besoin. Haha. C'est drôle, non?

Une croyance est juste une pensée que vous continuez d'avoir encore et encore. Essayez ces pensées:
- C'est possible
- Le monde / la réalité / je pourrais être beaucoup plus que ce qu'on nous a appris
- Nous sommes en cours d'évolution et le futur nous est inconnu
- D'autres ont vu des ovnis
- Je pourrais voir un ovni

Vous pouvez entendre parler d'une personne étrange qui a une grande vision et qui est toujours très sceptique. Leur rôle de témoin sceptique a un objectif unique dans le processus de divulgation.

Un autre scénario est que, parfois, les gens sont initiés à une rencontre stupéfiante spécialement conçue pour les faire avancer dans cette direction. Cela peut être très frustrant s'ils ne sont pas prêts à recevoir la communication de manière cohérente. Ils doivent ensuite se joindre à nous pour élever notre vibration et faire le travail de base consistant à relâcher notre emprise sur la réalité conventionnelle et nos idées limitées sur nous-mêmes.

Si vous êtes sceptique et expérimentez avec cela, vous voudrez peut-être que quelques personnes se joignent à vous, si profondes dans la conviction que vous remettez en question leur santé mentale. Favorisez votre relation avec eux: ce sont des aimants pour les observations. Continuez à être scientifiques, mais ne manquez pas d'avoir ces personnes attachantes avec vous. De plus, être tolérant de différents paradigmes est bon pour votre croissance. Lorsque vous vous associez à eux, restez fidèle à votre propre paradigme et faites confiance à votre propre jugement.

"Je remarque des cinglés ici. Dois-je croire aux chakras, aux vortex ou aux cristaux? Je veux croire aux OVNIS, pas aux trucs du Nouvel Âge."

Bien sûr, vous n'avez pas à porter des trucs bariolés et à chanter des mantras pour élargir votre conscience / avoir des observations. Toutefois, si vous êtes davantage axé sur la science, sachez que certains aspects de ce document ne résonneront pas en vous. Le monde du CE-5 a un thème naturel sur le plan spirituel. Prenez ce qui fonctionne pour vous et jetez le reste. Rappelez-vous que le contact ET initié par l'homme est composé de trois ingrédients: 1. Une connexion à la conscience d'un esprit, 2. Un cœur sincère et 3. Une intention claire.

" Le jour où je cesse d'avoir des doutes est le jour où je deviens dangereux."
—Neale Donald Walsch

Conseil: échanger des histoires pendant un CE-5 est un excellent outil pour consolider les convictions. Cela vous place dans le bon état d'esprit pour le contact. Il est également utile de reproduire les tons de cercles de culture avant l'événement conformément au protocole CE-5 original, en nous rappelant qu'il existe de nombreux phénomènes inexplicables dont beaucoup ont été témoins et qui ont été enregistrés pour être étudiés. Vous pouvez trouver les tonalités sur l'application ET Contact Tool ou sur YouTube (que vous pourrez ensuite convertir en format mp3: https://ytmp3.com/).

Formations d'OVNIS		Manœuvres d'OVNI	

DEUXIÈME PARTIE:

L'APPROCHE CONCRÈTE
COMMENT
SE METTRE AU TRAVAIL

SE JOINDRE AUX AUTRES

Maintenant que vous connaissez les ingrédients nécessaires au contact, vous êtes prêt à commencer.

Vous pouvez faire du CE-5 seul ou en groupe. La taille du groupe varie énormément: la plupart des gens qui se rencontrent régulièrement dans le monde se situent généralement entre 1 et 10 personnes. Nous avons 30 personnes sur notre liste de diffusion et généralement formons un groupe de 7 à 9 personnes à la fois. S'il y a un invité spécial de l'extérieur de la ville, nous pourrions en réunir 30 ou 40. J'ai assisté à une conférence du CE-5 qui a abouti à des observations où le groupe comptait environ 500 personnes. Tout nombre fera donc l'affaire.

Il y a beaucoup de gens enthousiastes qui aimeraient entrer en contact avec vous. Certaines personnes se sentent vraiment isolées et ont hâte de vous rencontrer et de vous raconter comment elles sont parvenues à leur vision du monde actuelle. C'est formidable de rencontrer des personnes qui sont à l'unisson et des coéquipiers dans un monde aussi divers que celui d'aujourd'hui!

Les personnes sceptiques peuvent être de formidables ajouts. Un vrai scientifique est sceptique ET ouvert d'esprit. Un vrai sceptique est sceptique à l'égard de tout, y compris de sa propre vision de la réalité. Il adhère au processus scientifique et est prêt à abandonner les vieux paradigmes, le cas échéant.

Les gens qui vous paraissent vivre dans un monde de chimères peuvent parfois vous rendre dingue. Acceptez le fait qu'il est possible qu'elles soient correctes et ne négligez jamais le point de vue ou les convictions de quiconque. Même si vous êtes certain à 99,9% de ne pas maîtriser la réalité ultime, ils maîtrisent parfaitement la leur. Tout le monde a droit à sa propre réalité.

Si quelqu'un a de GRANDES peurs d'ET ou s'il est HYPER-sceptique, il lui reste du travail à faire avant de lui permettre de faire des sorties spéciales avec le groupe. Nous n'avons jamais vu quelqu'un d'extrêmement opposé au CE-5 essayer de nous joindre. Nous avons constaté qu'une ou deux personnes plutôt négatives qui assistent à un CE-5 n'interfèrent pas nécessairement avec le reste du groupe ayant une bonne expérience. Les gens auront des observations individuelles ou des observations destinées à quelques-uns seulement. Cependant, il est important que le reste du groupe soit suffisamment fort sur le plan des vibrations pour surpasser quelques vibrations négatives. Les meilleures nuits que nous ayons eues ont été comme des fêtes - tant que vous avez plus de types «joyeux luron» que de «grincheux», tout ira bien. En tant que chef de groupe, si vous ne pouvez pas maintenir votre propre énergie forte face à une personne remplie de jugements négatifs, vous devez exclure ces derniers jusqu'à ce que vous puissiez réellement ignorer les basses vibrations. Bénissez ces gens. Souvent, ces personnes veulent secrètement que ce phénomène soit si réel qu'elles ne peuvent pas risquer de « s'ouvrir » au phénomène. La perspective d'être dupé et / ou de voir leurs espoirs déçus est terrifiante pour eux.

OÙ TROUVER DES GENS?

ETLet'sTalk
- Allez sur le site http://www.etletstalk.com et cliquez "Sign In/Sign Up"
- Cliquez sur "Members" à gauche et sélectionnez "Advanced Search"
- Sous "Location", entrez un nom de ville, puis sectionnez "Filter"
- Contactez les gens de votre ville afin de récupérer leur contact

ET Contact Network Map
- Allez à http://www.etcontactnetwork.com Enregistrez-vous afin d'avoir accès à la carte
- Enregistrez-vous afin d'avoir accès à la carte
- Sur la carte, cliquez sur chaque symbole afin de collecter des noms et des courriels

Facebook
- Recherchez "CE-5" et <Votre ville/pays>, par ex. Notre groupe est "CE-5 Calgary"
- Rejoignez un groupe mondial CE5, qui en compte plusieurs. Sur ces sites Facebook, vous pouvez écrire un article à la recherche de personnes dans votre région.

    - *The CE-5 Initiative*
      https://www.facebook.com/groups/205824492783376/

    - *CE-5, UFO, SIRIUS: ETLetsTalk.com*
      https://www.facebook.com/groups/1593375944256413/

    - *CE-5 Universal Global Mission*
      https://www.facebook.com/groups/1827858540868714/

- Créez votre propre groupe Facebook est facile! Nous avons défini la confidentialité de notre groupe sur "fermée" afin que le grand public ne puisse pas voir ce qui est affiché. Ensuite, les publications ne peuvent être vues que par les membres du groupe approuvés.

MeetUp
Créez ou trouvez un groupe sur http://meetup.com, qui est un excellent moyen de réseauter. Non, ce n'est pas un site de rencontres.

WhatsApp
CSETI India a un chat WhatsApp très festif en cours: +91 9874447669.

The Analog Way
Rendez-vous dans votre boutique de cristaux / « nouvel âge » locale pour parler aux gens, publiez une annonce ou laissez un dépliant. Ou, voyez si quelqu'un au club d'astronomie est intéressé. Le Dr J. Allen Hynek, astronome et chercheur sur les ovnis, a découvert que dans une étude informelle auprès de ses pairs, environ 10% des astronomes ont vu quelque chose dans le ciel qu'ils ne peuvent expliquer, qu'ils gardent pour eux par peur du ridicule. Peut-être pourriez-vous trouver certaines de ces personnes!

RETRAITES

Effectuer une retraite dans un point névralgique pour l'observation d'OVNI a catapulté notre expérience de groupe dans notre ville natale après notre retour. Cela vaut la peine durant les vacances d'aller rencontrer de nouveaux amis, d'élargir votre esprit, de voir des OVNIS et de visiter un nouvel endroit! Les emplacements comprennent des endroits comme: Mt. Shasta en Californie du Nord, Joshua Tree en Californie du Sud, Mt. Adams dans l'État de Washington, au Japon et en Nouvelle-Zélande.

- ET Let's Talk – allez à http://www.etletstalk.com/ and cliquez sur "Events" pour voir si des retraites sont prévues.

- Sirius Disclosure - allez à https://www.siriusdisclosure.com et rejoignez la liste de diffusion.

- ECETI - allez à http://www.eceti.org pour demander une invitation privée afin de visiter le ranch ECETI de James Gilliland.

- Lyssa Royal Holt - allez à http://www.lyssaroyal.net/-schedule.html pour voir les retraites à venir. Chaque année, il y en a une qui se déroule au Japon en été.

- Rahma - allez à http://www.sixtopazwells.com. Vous aurez besoin d'une compréhension de base de l'espagnol.

- Rahma in LA - allez sur la page Facebook "Mission Rahma" ou parlez-en de bouche à oreille à Los Angeles.

- Gene Ang - allez à http://www.geneang.com/www.geneang.com/Events.html pour voir les événements.

- CE-5 Aotearoa - allez à https://www.ce5.nz pour vous inscrire à la liste de diffusion.

- JCETI - Pour les japonais, rendez-vous sur http://www.jceti.org/ pour consulter la liste des événements à venir. Si vous êtes anglophones, allez sur: https://www.ce5-japan.com/

Sinon, au lieu d'aller à une retraite officielle, contactez des groupes dans la région où vous êtes en vacances et participez à l'un de leurs prochains CE-5.

https://clipartxtras.com/

CRÉER UN GROUPE

C'est peut-être le moment le plus excitant de la vie dans l'histoire de la Terre. Quel rôle allez-vous choisir de jouer?

Cela ne prend pas beaucoup de temps d'avoir des réunions mensuelles régulières. Une nuit = 3 à 6 heures. Envoyer une invitation à chacun par courriel vous prendra environ une heure ou deux par mois, y compris pour répondre à des courriels individuels. Certaines tâches de démarrage nécessitent quelques heures ici et là au début: recherchez des personnes pour vous rejoindre, choisir du matériel, le cas échéant, et trouver la bonne chaise. Tout autre temps que vous investissez est optionnel et récréatif: lire des livres, prendre le temps de méditer davantage, partir en retraite, essayer de nouveaux équipements, etc. Lorsque tout roule, vous pouvez facilement dépenser entre 5 et 8 heures par mois. Cela ne représente que 1% de vos heures de réveil pour le mois.

Dans notre groupe, nous organisons des réunions mensuelles tout au long de l'année. Au Canada, nous avons des hivers froids. Par conséquent, si la température est inférieure à 10 degrés Celsius, nous organisons des séances de réflexion et faisons des méditations à l'intérieur pour accroître la cohérence du groupe et poursuivre notre croissance interne. J'envoie des invitations par courrier électronique une semaine avant les événements et, après un événement, j'envoie parfois un rapport avec un avis d'une date prévue pour le prochain événement.

Vous pouvez choisir n'importe quelle date pour faire un événement CE-5. La plupart des gens choisissent d'aligner leurs nuits CE-5 sur l'un des deux réseaux mondiaux:

- Sirius Disclosure - allez à https://www.siriusdisclosure.com et défiler l'écran vers le bas pour vous inscrire au bulletin d'informations qui enverra des rappels. Ils sont toujours le premier samedi du mois, faciles à mémoriser et à planifier.

- ETLet'sTalk - allez à https://www.etletstalk.com/ et allez à Events pour connaître les dates à venir ou inscrivez-vous sur la liste de diffusion en envoyant un courrier électronique à Kosta à kosta@etletstalk.com. Ces dates sont toujours les samedis les plus proches de la nouvelle lune, pour bénéficier du ciel noir. Nous alignons nos réunions mensuelles sur le calendrier d'ET Let's Talk car nous préférons que le ciel soit aussi sombre que possible.

CHOISIR UN LIEU

Le CE-5 peut être fait à l'intérieur, dans votre jardin, dans un parc à proximité ou dans un endroit éloigné. Nous avons eu des résultats internes et externes à tous ces endroits. Les habitants de notre ville ont signalé que des sphères flottaient en dehors de leur arrière-cour, des OVNIS diurnes au-dessus de la circulation, et une lumière tricolore de la taille d'un camion dans les quartiers urbains. Peu importe où vous faites le CE-5; quand vous êtes prêt, ils viennent à vous.

Ainsi, les endroits éloignés de la ville ont tendance à donner plus d'observations. Les avantages comprennent également le fait qu'il fait plus sombre, que le ciel est magnifique, que vous êtes entouré de calme, de nature et de paix, que vous êtes plus éloigné des trajectoires de vol des embarcations humaines et que vous pouvez crier, vous extasier, lorsque vous voyez un OVNI. (Je suis sûr que les ET sont ravis de voir à quel point nous sommes excités!) Lorsque vous choisissez votre position, essayez de vous tenir à l'écart des lignes électriques, des tours de téléphonie cellulaire ou de tout ce qui pourrait nuire à votre équipement électrique ou à l'approche du vaisseau spatial.

Vous voudrez peut-être également vérifier s'il existe des lignes de retenue d'énergie, des vortex ou des lieux sacrés dans votre région type ley lines (lignes de ley, ou alignement de sites). Nous n'avons aucun moyen de savoir avec certitude si le fait d'être dans un endroit comme celui-ci contribue à une différence perceptible d'observations. Il se peut que toute l'énergie et l'enthousiasme suscités par la planification et les voyages soient à l'origine de bons résultats. Nous avons la chance d'avoir un important point nodal Becker-Hagens à quelques heures de là: il n'y en a pas beaucoup sur les terres en Amérique du Nord. Sur notre CE-5 à distance, des effets environnementaux anormaux très intéressants se sont produits, et nous avons également capturé beaucoup plus de lumières et d'orbes énergétiques sur la caméra que nous n'avons jamais fait ailleurs.

Flammarion, Artiste inconnu, 1888

VOTRE PREMIER CE-5

Donc, vous y allez seul ou vous avez trouvé un groupe de personnes! Merveilleux. Voici un bref aperçu de la situation. Rappelez-vous, ceci est juste un guide. Si vous savez ce que vous voulez faire, faites-le.

- Choisissez une date et une heure.

- Créez un ordre du jour approximatif de ce que vous ferez pendant l'événement CE-5.

- Envoyez vos invitations et demandez un accusé de réception.

- Rappelez à tout le monde d'apporter des vêtements chauds, un sac de couchage, une chaise et une lampe de poche.

- Méditez dans les jours qui précèdent l'événement, une à trois fois, soit à distance, soit séparément. Définissez les intentions personnelles et de groupe pour le CE-5 au cours de ces méditations.

- Le jour du CE-5, rencontrez-vous en avance ou bien allez seul au rendez-vous sur site.

- Lorsque vous arrivez, placez vos chaises dans un cercle tourné vers l'intérieur et dans toutes les directions si le ciel est dégagé. Utilisez un demi-cercle s'il y a une zone couverte de nuages, de montagnes ou d'arbres.

- Consultez l'agenda pour voir si quelqu'un a des demandes, des ajouts ou des modifications. Créez cette expérience ensemble au fur et à mesure, cela ne doit pas nécessairement être parfait!

- Créez une intention claire avec le groupe.

- Faites une méditation les yeux fermés pour vraiment entrer en contact avec la Conscience Universelle.

- Continuez votre ordre du jour et apportez les modifications nécessaires. (Voir la section « Exemples de protocoles CE-5 » pour des idées.)

- Encouragez les gens à prendre la parole s'ils voient ou ressentent quelque chose. Souvent, ils hésitent à dire qu'ils ont vu quelque chose parce qu'ils croient à peine ce qu'ils l'ont vu. Dites aux gens de parler même s'ils ne sont pas sûrs. En fait, il se peut que quelqu'un d'autre ait vu ou vécu la même chose! Ensuite, le groupe peut regarder cette partie du ciel pour voir si quelque chose d'autre va se passer là-bas.

- Restez en contact avec la volonté du groupe et l'ambiance: tout le monde a bien chaud, est toujours engagé, heureux?

- Gardez une attitude de gratitude pour l'expérience et l'évolution, même si vous n'êtes au courant de rien ou n'avez rien vu. Sur la base de nos expériences, nous pensons que l'ET est là même si vous ne pouvez pas les percevoir, anticipant votre évolution avec enthousiasme!

- Lorsque vous clôturez la réunion, n'oubliez pas de demander des visites dans vos rêves, ainsi que des observations pouvant se produire dans les jours à venir ou même lors du voyage de retour.

- Après le CE-5, vous pouvez envoyer un rapport au groupe et, si vous le souhaitez, déposer un rapport sur un ou plusieurs sites de réseau (Facebook, ET Let's Talk).

Nous pensons que si vous respectez scrupuleusement les trois ingrédients clés mentionnés précédemment (1. Une connexion à une conscience universelle, 2. Un cœur sincère, 3. Une intention claire), vous aurez une observation en six sorties.

Liste d'équipements

- Chaise ou couverture

- Sac de couchage

- Méditations (Celles-ci peuvent être sur un téléphone et un haut-parleur, dans un livre ou vous pouvez apporter ce guide, ou vous pouvez créer la vôtre.)

- Lampe de poche

- Pointeur laser (Si la loi le permet, assurez-vous de lire la section « Pointeurs laser ».)

- Mitaines, gants, chapeaux, manteaux d'hiver, etc.

Pour les CE-5 plus longs ou plus éloignés, incluez:

- Collations, eau

- Papier toilette

ORIENTATION

Savoir se repérer dans le ciel nous aide à décrire où regarder. Au lieu de "Hey, il y a quelque chose là-bas!" et pointer un doigt invisible dans l'obscurité, nous pouvons dire: "Regardez au sud de la poignée de la grande casserole/Grande Ourse" ou "nord-nord-est à 30 degrés de l'horizon". Merci à notre contributeur anonyme pour cette élégante introduction à l'astronomie:

Lorsque vous atteignez votre site où aura lieu le CE5, orientez les membres de votre groupe selon les directions cardinales (à l'aide d'une boussole), décrivez les systèmes de mesure de base et l'emplacement de certaines constellations, étoiles et planètes.

- Pointez vers le nord, l'est, le sud, l'ouest et le zénith (point le plus haut directement au-dessus). Attribuez un point de repère à chacun, si possible. Si aucun point de repère n'existe, utilisez une personne dans le cercle.

- Estimez les «coordonnées horizontales» des corps célestes à l'aide du système d'astronomie «altitude et azimut».

- L'altitude mesure l'angle d'élévation apparent (ou hauteur) d'un objet sur la sphère céleste (le dôme du ciel), par rapport à l'observateur (votre groupe).

- 0 ° fait référence à l'horizon dans une plaine. 90 ° se réfère au zénith. Ainsi, à mi-chemin entre un horizon plat et le zénith du ciel, on se situe à 45 °. Un tiers serait de 30 °, les deux tiers de 60 °, etc.

- Beaucoup de gens trouvent que leur poing tenu à bout de bras peut se situer autour de 10 °, ou que la distance entre le pouce et l'auriculaire des doigts étirés peut avoisiner les 20 °. Essayez d'ajouter ces estimations d'horizon à zénith pour savoir si elles peuvent vous aider. Vous pouvez également rechercher l'altitude connue des objets dans un graphique ou une application.

- L'azimut mesure les directions cardinales (nord, est, sud et ouest) sur une échelle de 0 à 360 degrés sur un plan horizontal. Mais simplement dire la direction (par exemple "nord-nord-est") devrait suffire.

- Estimez la luminosité des corps célestes en utilisant le système de «magnitude apparente» de l'astronomie.

- La «magnitude», ou luminosité, des étoiles a été répertoriée par les Grecs de l'époque, sur une échelle allant de une (pour les plus brillantes) à six (pour les plus sombres).

- Au XIXe siècle, les astronomes modernes ont formalisé le système à l'échelle logarithmique, étendu l'échelle au-dessous de 1 et supérieur à 6, et fixé Vega à son point zéro (Vega étant une étoile exceptionnellement brillante visible dans l'hémisphère nord pendant la majeure partie de l'année).

- Le mot "apparent" a été ajouté car il avait alors été compris que la luminosité dépendait plus de la distance d'une étoile à la Terre. Une mesure distincte appelée «magnitude absolue» décrit la luminosité de chaque étoile si elle est observée à une distance standard.

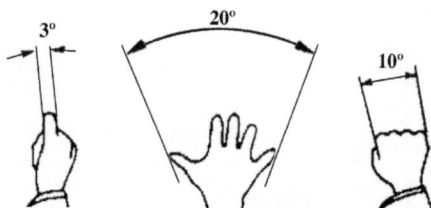

Exemples de magnitudes apparentes pour les étoiles et planètes

    −5 Vénus (max)

    −3 Mars (max), Jupiter (max), Vénus (min)

    −2 Jupiter (min)

    −1 Sirius

     0 Arcturus, Capella, Procyon, Rigel, Saturne, Véga, Mercure (max)

     1 Aldébaran, Altair, Antarès, Bételgeuse, Deneb, Fomalhaut, Pollux, Régulus, Spica

     2 Mars (min), Étoile polaire

     3 Galaxie d'Andromède

     4 Chi Orionis

     5 Mu Cassiopeiae, Xi Boötis

     6 Mercure (min)

Faites un tour rapide des constellations, étoiles et planètes les plus reconnaissables. Si vous n'êtes pas familier, consultez un tableau ou une application, de préférence une nuit ou deux à l'avance. Pensez à vous abonner à un podcast hebdomadaire pour observer les étoiles ou visitez votre planétarium ou votre club d'astronomes. Http://www.skymaps.com propose des cartes étoiles téléchargeables gratuitement tous les mois. Elles peuvent être facilement téléchargées et distribuées à votre équipe de contact. Vous pourriez être surpris de voir à quel point les motifs du ciel deviendront familiers.

Virgo, Una Scott, Copyright 2017

TENIR UN JOURNAL DE BORD

Si vous le souhaitez, vous pouvez tenir un journal de bord ou rédiger un résumé pendant ou après l'événement. La mémoire humaine est assez fragile, et vous voudrez peut-être confirmer qui a vu exactement quoi avant que votre mémoire s'efface et / ou change ce qui s'est passé. Il est également agréable de voir les tendances dans les observations à mesure qu'elles se confirment. Si le temps le permet, certains groupes organisent une séance de compte rendu immédiatement après l'événement (ou le lendemain) afin de discuter du travail sur le terrain et de partager ce qui a été vécu alors que tout est encore frais dans leurs têtes. Il pourrait être judicieux d'enregistrer la réunion sous forme numérique, avec un résumé écrit plus tard et intégré au journal.

Nous tenons notre journal de façon assez informelle. Nous écrivons tout ou une partie des éléments suivants: Date, temps, "Qui a vu quoi?", "Où etait-ce?" et description de ce que c'était.

Parfois, nous ne faisons que consigner les faits remarquables. Si vous enregistrez chaque satellite ou étoile filante présumé, vous en aurez peut-être assez si la nuit est très active. Là encore, il serait peut-être bien de les compter tous plus tard.

Si vous utilisez du papier, vous pouvez acheter un stylo «Pilot» avec une diode rouge à l'extrémité, qui est une source de lumière pratique et discrète pour une utilisation dans le noir. ~ 5 $ chacun sur Amazon.

Consignez vos écrits sur votre téléphone. Mettez un filtre rouge sur votre téléphone pour préserver la vision nocturne. Pour un iPhone, suivez ces instructions: https://www.skyandtelescope.com/observing/ stargazers-corner/red-light-filter-for-iphone/. Pour un téléphone Android, essayez l'application «Twilight».

Un petit enregistreur vocal numérique ferait également l'affaire. Olympus en fabrique de petits qui sont populaires.

ÉQUIPEMENT

Chaise ou une couverture et un oreiller

Apportez quelque chose pour vous asseoir. Ma chaise préférée est une chaise de plage pliante à mi-hauteur qui peut s'incliner pour que vous puissiez vraiment vous détendre et voir beaucoup de ciel. Elles sont légères et vous pouvez trouver des modèles dotés de sac à dos avec courroie et de compartiments à fermeture éclair pour le matériel. C'est si pratique! D'autres membres de notre groupe utilisent des sièges « zéro gravité », encore plus confortables et durables, même s'ils sont lourds. Directement sur la pelouse ou une chaise de camping ordinaire fonctionne très bien. Une couverture marche également très bien.

Sac de couchage

Les sacs de couchage sont beaucoup plus chauds qu'une couverture. Même les jours les plus chauds en été, la température peut chuter. N'oubliez pas que lorsque vous ne bougez pas, il fait beaucoup plus froid que ce que vous pouvez normalement supporter. Nous adorons nous mettre dans des sacs de couchage si confortables que nous pourrions nous endormir.

Vêtements chauds

Portez votre équipement d'hiver complet: vêtements d'extérieur isolants, tels qu'un manteau de duvet (synthétique), un pantalon de ski, des gants / mitaines compatibles avec la manipulation des équipements, une toque, etc. (Une toque est un mot canadien qui signifie bonnet d'hiver tricoté.)

Lampe de poche

C'est très pratique d'avoir une lampe frontale. Sinon, utilisez une lampe de poche ou votre téléphone pour vous déplacer. L'utilisation d'une lumière rouge est recommandée telle que celle utilisée par les astronomes. Ils les utilisent lors de leurs soirées afin de préserver leur vision naturelle la nuit.

Anti-moustiques

Les ET ne semblent pas avoir beaucoup d'influence sur les moustiques, ce qui peut ruiner un CE-5 si vous n'avez pas le sens de l'humour à ce sujet. N'oubliez pas d'apporter un produit répulsif aux moustiques, naturel ou autre, et tout ira bien pour vous.

Papier toilette

Pour les pauses nécessaires dans des lieux ne disposant pas de toilettes.

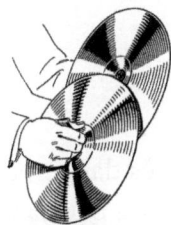

Instruments

Bols chantants (bols tibétains), didgeridoo, cloches, chimes, etc.

Objets sacrés

Cristaux ou autres objets personnels importants. Vous pouvez les placer sur une table au centre du cercle.

Jumelles

Pour discerner les formes d'ovnis proches, utilisez une paire légère de jumelles ou montez une paire lourde sur un trépied. Une paire de jumelles de stabilisation d'image (IS) est recommandée, mais coûte plus chère.

Jumelles à vision nocturne / Lunettes / Monoculaires

Ce n'est pas «indispensable», mais figure sur la liste de souhaits de tous. Avec ceux-ci, vous pouvez voir des orbes et d'autres phénomènes. Un de mes amis qui les utilisait a vu une petite créature ailée voler vers lui, après quoi il a crié: «Put@!n je viens de voir une fée!» (La politesse se perd souvent dans le milieu quand sa réalité est éclatée.) Les meilleurs sont de grade militaire, soit les Gen 3. Plusieurs milliers de dollars. Les variétés numériques seront plus abordables. Choisissez des lunettes de vision nocturne qui sont légères et considérez la commodité d'avoir une paire qui peut être attachée à la tête avec un bandeau. De nombreux appareils de vision nocturne disposent de fonctions photo / vidéo: veuillez voir la section à venir sur les caméscopes à vision nocturne pour des recommandations spécifiques.

Appareils et haut-parleurs pour jouer des méditations / tons de cercle de culture / chansons

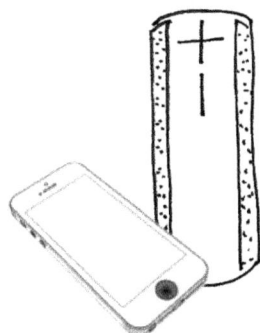

Nous utilisons nos téléphones pour lire des fichiers de son. Vous pouvez également utiliser un lecteur de musique. J'ai aussi un haut-parleur, le Boom 2, qui est fantastique mais extrêmement coûteux (300 $). Je dirais que cela vaut la peine d'en obtenir un; c'est l'un de mes biens préférés. Pour les méditations, les chansons, etc., un moyen facile de les obtenir est de les trouver sur YouTube, de copier l'URL, puis d'aller sur un site Web proposant une conversion de fichiers YouTube en mp3, qui sont nombreux. Téléchargez le fichier mp3 nouvellement créé dans votre bibliothèque informatique, où vous pourrez ensuite le synchroniser avec votre téléphone.

N'UTILISEZ PAS UN POINTEUR LASER

(À moins que vous ayez lu ces pages très, très attentivement...)

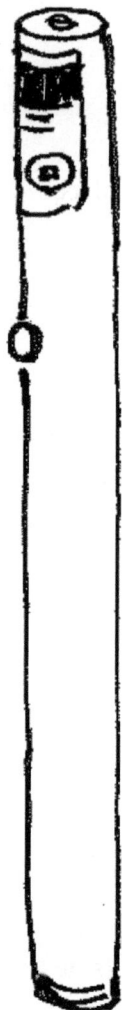

Les pointeurs laser sont utiles et amusants, mais ils peuvent aussi être très dangereux. Vous devez être extrêmement prudent. Les lésions oculaires temporaires ou permanentes constituent un danger réel. Vous avez trois options:

1. Nommez une ou deux personnes expérimentées et extrêmement prudentes à l'utilisation de lasers puissants (plus de 5 mW). Cette option est à peine recommandée. Même les experts connaissant les dangers réels des pointeurs laser peuvent se tromper.

2. Autorisez l'utilisation de lasers puissants seulement avec les lunettes appropriées pour tous les membres de votre groupe. (Cela peut réduire votre capacité à voir les étoiles / lumières dans le noir. Nous ne l'avons pas essayé.) Souvent, les lasers portables sont livrés emballés avec des lunettes de sécurité, mais ils seront trop sombres. Voir ci-dessous.

3. L'option la plus simple serait de ne pas utiliser de laser ayant plus de 5 mW (mW = milliwatt) et renoncer aux lunettes. Un laser que vous pouvez GARANTIR d'être 5 mW ou moins ne causera pas de dommages biologiques. Oui, ces pointeurs laser ne sont pas aussi puissants et vous ne serez pas le BG du parc, mais ils sont plus qu'efficace dans des conditions sombres. Lisez plus pour savoir pourquoi il faut un laser de qualité GARANTI.

Achetez UNIQUEMENT auprès de vendeurs qui peuvent garantir la sortie optique mesurée !!! Une étude réalisée en 2013 a révélé que 90% des pointeurs laser étaient hors spécifications. Les pointeurs laser peuvent également être facilement sous-spécifiés. Les pointeurs laser peu chers n'ont pas d'alimentation stable et ne peuvent donc pas être testés de manière fiable. De plus un pointeur laser bon marché, peut ne pas disposer de filtre infrarouge. Cela a pour conséquence d'être plus risqué à utiliser autour des surfaces réfléchissantes. Pour la couleur, optez pour le vert (532nm). Cette longueur d'onde est la meilleure pour l'œil à l'obscurité et apparaît 35 fois plus brillante que les lasers rouges de même puissance.

Ne pointez JAMAIS vers un avion, un hélicoptère ou quelque chose que vous pensez être un engin humain! Il s'agit d'une infraction fédérale: une amende de 100 000 $ et / ou cinq ans de prison au Canada. Aux États-Unis, une amende pouvant aller jusqu'à 250 000 $ et / ou jusqu'à 25 ans de prison. Bien sûr, vous ne voulez pas la punition, mais ce que vous ne voulez pas, c'est aveugler un pilote. Ainsi lorsque vous pointez un OVNI avec un pointeur laser, tracez un grand cercle autour de lui (ou pointez-le sur le côté). Ne pointez pas directement dessus même si vous êtes certain que ce n'est pas un engin humain. Les ET ont aussi des yeux. Peut-être.

Lunettes de sécurité:

Nous n'avons jamais utilisé de lunettes, mais si vous les essayez, vous avez besoin de lunettes spécifiques à la couleur et à la force du pointeur laser, ainsi que pour la nuit. Cette page contient une bonne critique des lunettes de sécurité destinées aux aviateurs (par opposition aux techniciens de laboratoire): http://www.laserpointersafety.com/laserglasses/laserglasses.html Les options de cette page comprennent: Laser-Gard de Sperian (99 USD) et Flash Fighters (239 USD).

Vendeurs de confiance de pointeurs laser:

Zbolt http://www.z-bolt.com/
- "Constant On/Off Green Laser Pointer" $48 USD, piles AAA, garanti entre 4mW and 5mW.
- "Astronomy Green Laser" $58 USD, piles CR123A. (Piles à lithium optimisées pour le froid) Garanti entre 4mW and 5mW.

Laserglow https://www.laserglow.com
- "Anser Series" 5mW 532nm $39 USD, piles AAA, garanti entre 3mW and 5mW. Si vous inscrivez dans le formulaire de commentaires lorsque vous commandez, ils peuvent en choisir un pour vous entre 4,5 mW et 5 mW.
- Ils ont des lunettes de sécurité et recommandent le modèle de pilote Glareshield pour l'utilisation de nuit. «AGS5323PX» ici: https://www.laserglow.com/AGS.

Laser Points http://www.laserpoints.com
- "SKY 5mW 532nm Green Laser Pointer Pen" $39.99 USD, piles AAA. Lorsque vous passez la commande, demandez-leur de le tester entre 4 et 5 mW et installer un filtre infrarouge.

Laser Classroom http://store.laserclassroom.com/
- "Classroom Green Laser Pointer" $35 USD, piles AAA. Ils disent qu'ils vont garantir qu'il sera entre 3mW et 5mW. Confirmez cela lorsque vous passez la commande.
- Ce site propose également un projecteur holographique pour votre téléphone portable à seulement 15 $.

Règles d'usage
Maintenant passons à l'utilisation des pointeurs laser. Ils sont très pratiques et amusants!

- Montrez au groupe les points cardinaux de la boussole: nord, sud, est, ouest.
- Comme les astronomes lors d'une fête d'étoiles, utilisez-le pour indiquer les objets célestes, étoiles, constellations, planètes, etc.
- Les pointeurs laser sont parfaits pour signaler des anomalies dans le ciel nocturne, comme l'endroit où un flash vient d'apparaître, de petits satellites difficiles à voir, etc.
- Dans le protocole CSETI d'origine, les pointeurs laser sont utilisés pour signaler l'emplacement du groupe: «NOUS SOMMES ICI!». Dessinez un motif intelligent dans le ciel, tel qu'un triangle, un cercle ou le symbole de l'infini. Vous pouvez faire clignoter le pointeur laser une fois pour chaque mot: Nous - sommes - ici. Faites cela au début et répéter de temps en temps. Signaler votre position est amusant, mais inutile: ils savent où vous êtes.
- Vous pouvez signaler à un OVNI quand vous êtes certain qu'il n'est pas terrestre (signaler à côté de l'OVNI pour être sûr). Utilisez un motif simple et cohérent. Si vous recevez un signal de retour, signalez à nouveau. Félicitations, vous venez de réaliser un «verrouillage» avec l'engin! Vous pouvez ensuite indiquer le point d'atterrissage que vous avez sélectionné, dans lequel vous souhaitez qu'un engin atterrisse, si vous êtes aussi chanceux.
- Astuce: les pointeurs laser qui fonctionnent avec des piles AAA peuvent se refroidir rapidement. Réchauffez le pointeur laser dans votre main pour améliorer la performance.

APPLICATIONS

Il existe plusieurs applications utiles pour iOS et Android qui peuvent facilement bénéficier votre travail de contact. Entre autres choses, certaines applications peuvent aider à exclure les activités humaines dans le ciel. Si vous le pouvez, essayez de trouver des applications qui ne nécessitent pas de connexion Internet, puis demandez à tout le monde de passer leur téléphone en mode avion, de sorte que si des appareils électroniques sont utilisés, le risque d'interférence électromagnétique est diminué. Il existe de nombreuses versions des applications pour chaque catégorie ci-dessous. (La technologie évolue et les applications aussi mais nous ferons de notre mieux pour vous en recommander quelques-unes. Si vous trouvez quelque chose de mieux, dites-le-nous!) Plusieurs vous offriront de l'essayer avant de l'acheter. Bien que beaucoup soient gratuits, vous devrez peut-être payer un peu d'argent pour des applications plus sophistiquées. Vérifiez les commentaires.

Traqueur satellite

Trouvez une application de suivi du satellite qui affiche le nom du satellite en temps réel lorsque vous le pointez. Cela facilite l'identification. Certaines applications satellites se connectent à une base de données. Vous aurez donc peut-être besoin d'un accès Internet sur le terrain. Certains non. Gardez à l'esprit que les satellites militaires ou d'espionnage ne se présenteront probablement pas. Découvrez: SkySafari 5 (iOS / Android), Sky Guide AR (iOS), Stellarium Mobile (iOS / Android)

Traqueur d'avion

Ces applications indiquent les avions enregistrés qui volent près de chez vous, ainsi que leur trajectoire, leur origine, leur destination, leur type, altitude, etc. Pour des raisons de sécurité, ils ne suivront pas les appareils militaires, vous ne verrez donc pas d'avions espions, chasseurs, à réaction ou Air Force One! Découvrez: FlightRadar24 (iOS / Android), Plane Finder - Flight Tracker(iOS), Planes Live (iOS)

Traqueur d'éclats d'iridium: historiquement amusant, maintenant disparu

Les éclats d'Iridium sont malheureusement une mémoire du passé. La première génération de ces satellites, lancée pour la première fois en 1997, avait des antennes de la taille d'une porte qui inclinaient parfaitement dans le ciel nocturne pour produire un éclat lorsque le soleil se réfléchissait. La deuxième génération, appelée «Iridium NEXT», présente une nouvelle géométrie dans sa conception et ne devrait pas s'éclaircir. Vous pouvez toujours voir une petite fusée éclairante. Toutefois, les satellites ne sont pas aussi étroitement contrôlés qu'auparavant. Par conséquent, aucun calcul ne sera effectué pour déterminer la synchronisation. Le nouvel ensemble est maintenant complètement déployé. Donc, si vous avez déjà cette application, vous pouvez pour l'instant la supprimer.

Application: constellations

Apprenez vos constellations, planètes et étoiles. Certaines applications indiquent en outre où se trouvent le télescope Hubble et la Station Spatiale Internationale (ISS). Saviez-vous que l'ISS est un laboratoire de recherche regroupant 3 à 10 humains de différentes nationalités? Des astronautes, des cosmonautes et des touristes de l'espace de 17 nations différentes l'ont visitée. Il est occupé de manière continue depuis novembre 2000. Découvrez: SkyView Gratuit (iOS / Android), Sky Map (Android), Sky Walk 2 (iOS / Android), Night Sky (iOS), Night Sky Lite (Android), Stellarium Mobile (iOS / Android), Sky Guide AR (iOS), Sky Rover (iOS)

Carte indiquant le taux de pollution lumineuse

Idéal pour vous aider à localiser un site relativement sombre et sans pollution lumineuse. Nous voulons tous voir la voie lactée, non? Découvrez: Light Pollution Map (iOS/ Android), Dark Sky Finder (iOS), Dark Sky Map (Android), Scope Nights (iOS)

Prévisions météorologiques/conditions du ciel

Prévisions météorologiques fiables pour les astronomes, en particulier la couverture nuageuse. Découvrez: Weather Underground (iOS/Android), Clear Outside (iOS/Android), Astro Panel (Android), Scope Nights (iOS).

Application d'enregistrement sonore

Pour enregistrer vos travaux sur le terrain, vos réunions ou simplement pour dicter des notes. Découvrez: Smart Recorder (iOS, Android), iTalk Recorder (iOS))

Outil de contact pour les ET

Développé par le CSETI, cette application contient des méditations, des sons de "crop circles", un magnétomètre, une boussole et des instructions pour l'utilisation de l'application et le travail sur le terrain en général. (iOS / Android)

Formateur ESP

La NASA et l'Institut de recherche de Stanford ont développé cette application. Son but est d'améliorer vos capacités psychiques. Dans un programme de la NASA d'une durée d'un an, 145 sujets ont amélioré leurs scores, avec 4 personnes améliorant leurs scores de façon incroyable. Si vous obtenez souvent 12 points ou plus, écrivez au promoteur: http://www.dojopsi.com/contactrussell.cfm (iOS)

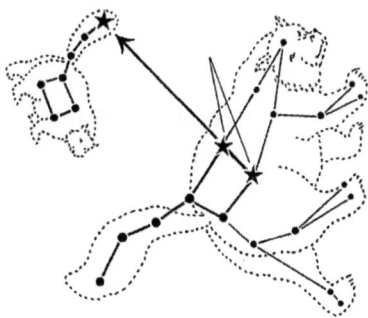

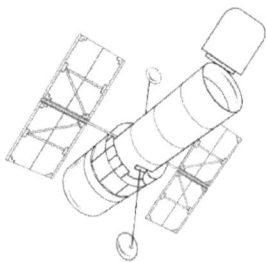

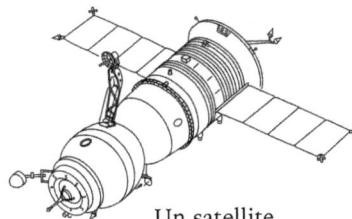

Un satellite

Télescope Hubble
Image Attribution:
http://www.supercoloring.com/coloring-pages/hubble-space-telescope

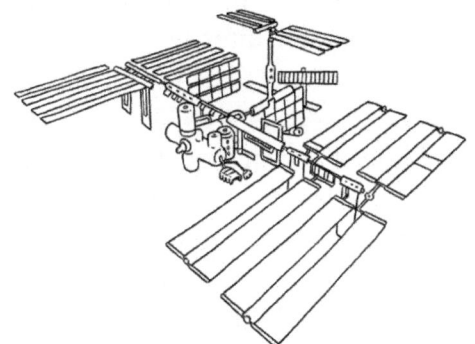

Station Spatiale Internationale

DISPOSITIFS AVEC LESQUELS COMMUNIQUER

Notre groupe n'est pas très technique. La plupart des informations ci-dessous proviennent de notre mentor, Deb Warren, de Vernon, en Colombie-Britannique, qui pratique le CE-5 depuis de nombreuses années.

De nombreux utilisateurs de CE-5 utilisent une variété d'appareils pour entendre les ET. Ce que vous devez faire est d'allumer l'appareil, ajuster certains paramètres, puis attendre qu'il émette un son. Ces appareils ne peuvent pas fonctionner tout seuls. Ils nécessitent une entrée externe pour fonctionner. Comprenez bien cela. Il n'existe rien au milieu de nulle part qui puisse activer ces appareils. Demandez à un expert en sciences électromagnétiques.

- Lorsque vous utilisez du matériel, éteignez vos téléphones et vos télés.
- L'activité du dispositif correspond parfois aux observations.
- Décodage des transmissions ET:
    - Un "Bip" = Non (ou silence pour un compteur Geiger)
    - "Bip Bip" = Oui
    - "Bip Bip Bip" = "Nous Sommes Là"

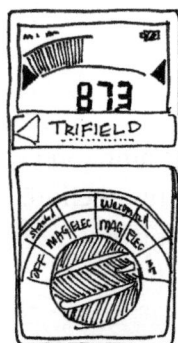

Compteur EMF $21 - $245 USD
Un compteur EMF (également appelé magnétomètre ou compteur Trifield) détecte les champs émis par des objets chargés électriquement. Dans la vie traditionnelle, les compteurs de champs électromagnétiques sont utilisés pour diagnostiquer les problèmes de câblage électrique, de lignes électriques et d'efficacité du blindage électrique. Donc, si vous êtes au milieu de nulle et que l'appareil s'active, c'est bizarre...

Le compteur Trifield 100XE de AlphaLab Inc. était la norme pour de nombreux groupes CE-5. AlphaLab a maintenant un nouveau modèle, le TF2: https://www.trifield.com/product/trifield-emf- meter/ $ 168 USD. Le nouveau modèle fait un «bip» au lieu de «chanter». Si vous préférez le son analogique et que vous recherchez un ancien modèle, confirmer auprès du vendeur que ce que vous achetez est livré avec du son, car il s'agit d'un ajout. (Un compteur à son a un bouton "de suppression de bruit" sur le côté droit.) Si vous êtes chanceux, vous pouvez également en trouver un avec une lumière rouge, ce qui est pratique pour voir dans le noir lorsqu'il y a une lecture. Le nouveau n'est pas fourni avec une lumière rouge. Si vous pensez que cela constituerait une amélioration de l'appareil, dites-le lors de votre commande, car le fabricant est très à l'écoute et a déjà amélioré les niveaux sonores de la TF2 depuis sa première production.

Réglez l'ancien modèle sur «Magnetic Setting 0 to 3 range» et le nouveau sur «Weighted Magnetic». Il détecte les champs magnétiques humains, alors assurez-vous de le régler suffisamment bas pour ne pas capturer les personnes à proximité. Réglez-le suffisamment bas pour qu'il puisse émettre un son si vous approchez la main. Après, éloignez vous de l'appareil. Si un son est émis sans que personne ne se rapproche, il s'est produit un changement anormal de champ magnétique. Vous pouvez tester votre appareil en le réglant sur un réglage silencieux et en vous approchant d'un appareil électronique tel qu'une prise de courant, un téléviseur ou un four à micro-ondes.

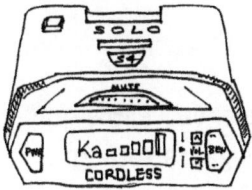

Détecteur de radar portable $70 - $300 USD

N'importe quel détecteur de radar de voiture serait adéquat. Lorsque un ET envoie une transmission, le radar émet un son très différent et distinct de celui d'une transmission normale lorsque vous roulez à grande vitesse sur l'autoroute. Réglez-les sur fonction autoroute (plus sensible) ou fonction ville (moins sensible). Si vous en avez plus de deux, faites quelques tests à l'avance pour vous assurer qu'ils ne s'affectent pas mutuellement. Sur le terrain, ne dirigez pas leurs lentilles l'une vers l'autre, car cela pourrait générer un faux positif. Essayez l'unité S4 : https://www.escortradar.com/. Ou essayez http://www.radarsource.com.

Compteur Gamma Scout Geiger $100 - 440 USD

Bon pour capter les radiations radioactives et peut détecter des engins extraterrestres invisibles ou des traces d'un atterrissage. Les ET peuvent aussi l'utiliser comme outil de communication. Il « pépiera » au hasard pendant qu'il fonctionne, mais doublera pour dire "Oui", ou se taira si la réponse est "Non". La version rechargeable n'a besoin d'être rechargée qu'une fois tous les trois ans. https://www.gammascout.com/collections/geiger-counters

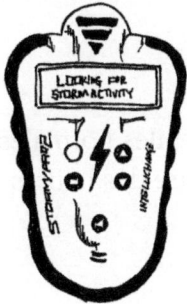

Détecteur de foudre portable : $26 - $499 USD

Un traqueur d'orage est normalement utilisé pour détecter les coups de foudre jusqu'à 80 kms de distance. Si l'appareil détecte soudainement un coup de foudre, cela peut en fait signifier qu'une embarcation ET est soudainement apparue en émettant une puissante décharge électrique. Lors d'un entraînement en avril 2012 à Marcos Island, en Floride, Deb Warren a eu l'expérience de voir des éclairs de balles sans bruit à quelques kilomètres de là, sans que le suiveur d'orage ne se déclenche du tout. Puis, la nuit suivante, il y a eu un orage électrique qui a commencé à 25 milles de là, s'approchant à moins d'un mille, avec le suiveur d'orage qui émettait un signal sonore à chaque coup de foudre. Les ET s'immisçaient dans quelque chose la première nuit et, à titre de comparaison, ils ont laissé passer un véritable orage la nuit suivante. Pour acheter : https://www.ambientweather.com/sptb2iy.html

Thermomètre extérieur numérique : 12,99 $US et plus

Surveillez la température et le niveau d'humidité de l'air pendant le travail sur le terrain. Si la température de l'air augmente soudainement, cela peut indiquer qu'un navire ET est en vol stationnaire directement au-dessus de la surface ; encore plus cool, le groupe peut se trouver à l'intérieur d'un vaisseau dématérialisé. Disponible à peu près n'importe où.

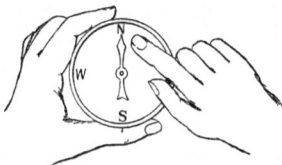

Boussole ~10 $ et plus

Une boussole simple peut être utilisée. Lorsqu'elle sera affectée, l'aiguille se déplacera vers le sud plutôt que vers le nord.

DISPOSITIFS D'ENREGISTREMENT DES OBSERVATIONS

Savez-vous pourquoi la plupart des images d'OVNI sont floues, tremblantes, incomplètes, etc. Parce que c'est dur d'avoir des images d'un OVNI, c'est tout. La nuit, vous ne pouvez rien voir, vos gants sont en place, vous avez oublié quel bouton fait quoi, vous ne pouvez même pas trouver l'OVNI dans votre viseur. Quand vous le trouvez, vous n'êtes pas doué pour le suivre. Vous êtes excité ou votre caméra est trop zoomée, c'est comme si vous regardiez une amibe à la vitesse de l'éclair à travers un microscope. Dès que l'OVNI sort du cadre (parce que vous secouez la caméra, ou parce que vous vous perdez en essayant de garder un vrai oeil dessus pour pouvoir participer à l'observation aussi), vous devez le retrouver. Personnellement, j'ai renoncé à obtenir des images et à essayer de diriger un groupe en même temps; c'est trop compliqué. Si vous êtes aussi embrouillé que moi, déléguez quelqu'un d'autre, ou ayez un co-leader ou une dynamique de groupe qui vous donne le temps de jouer avec l'équipement.

CAMÉRA VIDÉO DE VISION NOCTURNE

Luna LN-DM50-HRSD ~$400 USD

• Celui-ci est pratique avec la vision nocturne et le magnétoscope en un seul appareil, mais c'est très zoomé, de sorte que seule une infime partie du ciel est enregistrée. L'utiliser, c'est comme faire briller une lampe de poche dans l'un de vos yeux, donc l'ajuster pour regarder le ciel et pour documenter est un peu difficile. http://www.lunaoptics.com/

Bushnell Equinox Z ~$340 USD

• Un monoculaire de vision nocturne avec fonction photo/vidéo. La durée de vie avec des piles normales n'est pas au top, mais avec une pile externe comme la Limefuel Blast L60X pour 30$, il dure des heures et des heures. http://www.bushnell.com/

Digiforce X970 ~$760 USD

• C'est la dernière offre du fabricant Pulsar. Fonctionnalités photo/vidéo. Il comprend des réticules de télémétrie. Nous ne savons pas ce que cela signifie, mais ça sonne bien. http:// pulsarnv.com/

iGen 20/20 ~$399 USD

• Vous pouvez envisager d'utiliser cette caméra pour un champ de vision plus large. Bien qu'il soit moins sensible comparé au X970 ci-dessus, l'objectif du iGen est fileté de sorte que l'on puisse monter un téléobjectif ou un adaptateur à grand angle. http:// www.nightowloptics.com/index.php (Cliquez sur "iGen" à la droite)

Ranger RT ~ $900 USD

• Nous avons entendu de bonnes critiques au sujet du Yukon Ranger Pro, bien qu'il soit

discontinué. Si vous ne pouvez pas le trouver, recherchez les autres appareils de vision nocturne de la série Ranger, Yukon Optics: http://yukonopticsglobal.com/products/

Caméra infrarouge 100 USD et plus

Vous pouvez obtenir une caméra infrarouge bon marché de Bell et Howell sur Amazon ou eBay. Fonctionne bien. Termes de recherche: "Caméra de vision nocturne infrarouge Bell Howell"

Appareil photo traditionnel

• Vous pouvez utiliser votre appareil photo ordinaire pour capturer des photos ou des vidéos d'OVNIS. Pour de meilleurs résultats, utilisez un appareil photo avec une sensibilité ISO élevée.

• Une fois, j'ai pris des photos du ciel pour savoir si l'une des "étoiles" que je regardais tournait en rond autour de moi. Je n'ai jamais su si j'imaginais cela ou non, parce qu'après avoir téléchargé les photos sur mon ordinateur, j'étais beaucoup plus intéressé par l'OVNI rouge et blanc vif qui apparaissait dans le cadre. J'ai utilisé mon SONY Rx 100 iii, Max ISO 128.000.

• Notre mentor de CE-5 Deb Warren a de bons résultats avec son Canon D5 Mark 2 ISO 25,000. Pour voir quelques photos, recherchez sur Google: "CSETI Joshua Tree jewel like craft."

• La célèbre vidéo Vero Beach Twin Ships a été tournée avec un Sony A7S. Cette gamme de caméras a des capacités remarquables de faible luminosité, ISO 100,00 à 400,000.

Appareil photo spécifique à la capture d'orbes:

Si vous aimez prendre des photos de l'activité des orbes, les anciens appareils photos numériques qui n'ont pas la technologie du " hot mirror " (filtres infrarouges) fonctionnent mieux. Utilisez le flash. Dans le livre The Orb Project, les chercheurs ont utilisé un Pentax Optio 330 et un Nikon Coopix 8800. Quelqu'un de notre groupe utilise le Canon PowerShot sd1100IS avec succès. Pour des conseils sur la prise de photos d'orbes, visitez: https://orbwhisperer.com/orb-photography-tips.

Lumière infrarouge $15 - 30 USD

Une simple lumière infrarouge utilisée la nuit vous aide à mieux voir les orbes lorsque vous utilisez vos lunettes de vision nocturne/caméras ou votre appareil photo ou magnétoscope ordinaire.

Comment capturer des phénomènes en images

Certains phénomènes apparaîtront sur les photos que vous ne pouvez pas voir lorsque vous prenez la photo. N'importe quelle caméra fera l'affaire. Instructions:

- Il faut avoir l'intention de capturer les phénomènes non physiques et/ou ET.
- Le crépuscule est un bon moment pour le faire.
- Méditez, concentrez-vous sur la communication, sentez l'énergie circuler.
- Ensuite, prenez des photos aléatoires de la région et du ciel.
- Si vous êtes à l'intérieur, essayez de prendre des photos d'une pièce faiblement éclairée avec un flash. Visez des zones telles que les coins, ainsi que les fonds qui ne sont pas blancs, car ils seront plus faciles à voir lors de l'examen.
- On témoigne qu'une caméra particulière sera calibrée par votre intention et capturera plus de phénomènes à mesure que vous l'utiliserez à cette fin.

PHOTOS

Voici quelques photos prises par des membres de notre groupe ainsi que plusieurs personnes qui ont contribué à ce guide:

Deux formes grises anormales, region de Calgary, novembre 2016

Un énergie anormale invisible à l'œil nu. Lac Motosu, Japon, 21 mars 2015

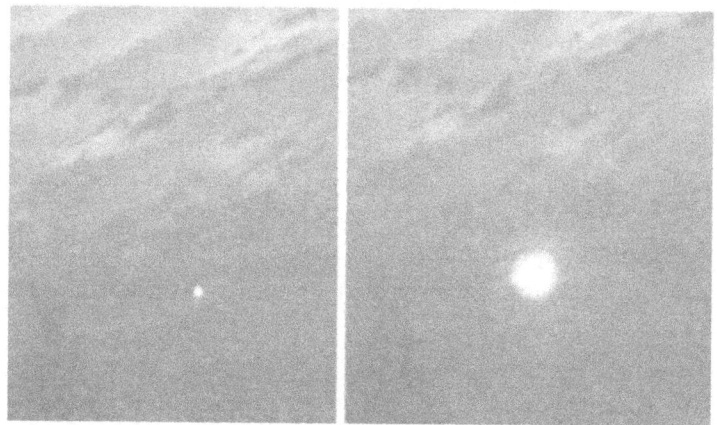

Un feu clignotant sur le MontAdams, avant et pendant le flash. Il n'y a pas de route qui monte à cet endroit. L'ampleur de sa luminosité était également anormale. ECETI, État de Washington, mai 2018 (Remarque: les appareils de vision nocturne, comme le monoculaire Luna Optics utilise pour recueillier ces images, enregistrent les éclairs plus brillamment.

5 photos superposées d'un engin en mouvement invisible à l'œil nu. Shasta, Californie, juillet 2016

Multitude dorbes, ECETI, État de Washington, mai 2018

Deux OVNIS se dirigeant vers la maison,
vus par de multiples témoins oculaires.
Volcano, Californie, novembre 2016

OVNI classique de type soucoupe.
Tokyo, Japon, novembre 2016

On dit que les OVNIS se cachent parfois sous forme de
nuages. ECETI, État de Washington, juillet 2017

Horizon vu à travers la tête de Keiko. ECETI,
État de Washington, mai 2018

Streaker et un brilliant présumé satellite, région de
Calgary, août 2017. (je l'ai manqué!)

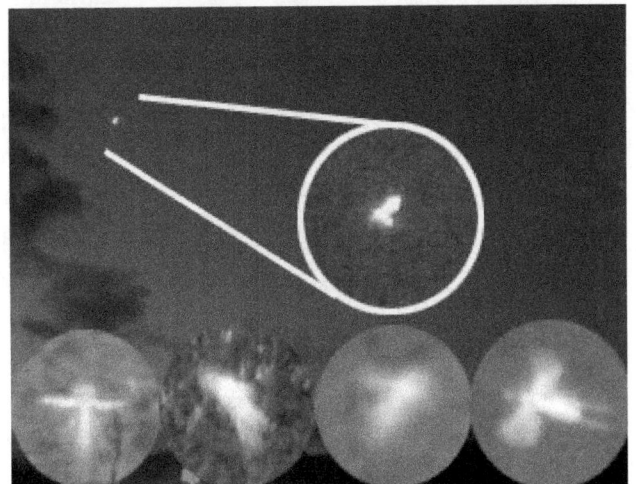

Lumières anormales, invisibles à l'œil nu, ECETI,
État de Washington, mai 2018,
et Buffalo Lake, Alberta, juillet 2018

49

COMMUNICATION INTERNE

Parce que cette expérience concerne plus votre propre croissance qu'une expérience d'observation, attendez-vous à avoir plus d'expériences internes qu'externes, surtout au début. Cela se produira non seulement pendant le CE-5, mais aussi pendant vos rêves, votre méditation et pendant votre vie quotidienne. Vous saurez que vous êtes plus libre, ouverts, vous vous sentirez de mieux en mieux. La façon dont vous donnez et recevez l'amour sera inconditionnelle, et ne dépendra que de vos croyances/états, et non des autres ou des circonstances indépendantes de votre volonté. Cette section est nettement plus courte que la partie Communication externe. Les expériences internes sont intimes, uniques à chaque personne et généralement impossibles à exprimer pleinement. C'est pourquoi nous vous invitons à y pénétrer de manière brève et douce.

C'est très simple: La communication et l'interaction interne passeront par vos cinq sens. Si vous êtes nouveau dans la pratique de votre capacité psychique latente, vous aurez besoin d'un peu d'entraînement pour commencer à être conscient de ces expériences:

- Clairvoyance: Voir une vision, un symbole, des auras, de l'énergie, des lumières, etc. Il peut être dans votre esprit, ou il peut sembler tout à fait réel.
- Clairaudience: Entendre une voix, un bruit, un son, de la musique, etc. Cela peut inclure un bourdonnement dans les oreilles. Il peut s'agir d'un mot, d'une phrase ou d'un paquet téléchargé que vous traduisez. Cela peut ressembler à vos pensées, "une voix dans votre tête".
- Clairsentience: Sentir quelque chose dans/sur/près du corps - sensations, énergie, contact physique, émotions, vibrations, présence etc. Encore une fois, elle peut être subtile ou être ressentie concrètement.
- Clairalience: Sentir quelque chose que les autres ne peuvent pas percevoir.
- Clairgustance: Goûter quelque chose que les autres ne peuvent pas percevoir.

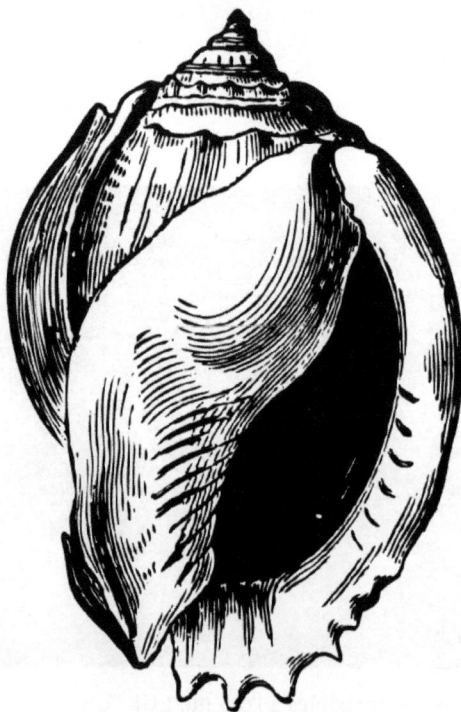

Vous pouvez avoir plusieurs formes de communication psychique en même temps. Vous aurez peut-être une intéraction intense avec un être. Cela peut se produire plus facilement dans un état d'ondes cérébrales alpha ou thêta, dans la méditation, dans vos rêves ou dans l'état entre le sommeil et le réveil. Vous pourriez avoir une expérience qui vous semble pleinement physique et réelle, puis vous rendre compte que ce n'est pas quand quelqu'un d'autre ne peut pas la percevoir. Les synchronicités peuvent s'amplifier. Il se peut que vous ayez des sensations corporelles indiquant des « téléchargements » d'énergie, des améliorations ou des guérisons.

Entraînez vos capacités psychiques: quand le téléphone sonne, devinez qui c'est. Lorsque vous avez un choix à faire dans votre vie, demandez conseil et suivez votre intuition. Obtenez l'application ESP Trainer. Apprenez-en plus sur le rêve lucide et invitez une expérience/ET à vous y rencontrer.

COMMUNICATIONS SPÉCIFIQUES

« Téléchargement » d'énergie :

Sur le terrain, vous pouvez soudainement commencer à sentir des vagues d'énergie monter ou descendre dans votre corps, qui s'intensifient lentement. Pendant ce temps, il se peut que vous ressentiez des picotements au bout de vos doigts et de vos pieds et/ou des spasmes musculaires dans votre torse. Vous pouvez également vous sentir légèrement nauséeux et avoir le souffle court. Tous ces signes peuvent indiquer que vous êtes en train de vivre une sorte de téléchargement énergétique. Si cela se produit, connectez-vous à la terre. Donnez à l'énergie un endroit où aller. Plantez vos pieds fermement sur le sol, idéalement sans vos chaussures. Vous pouvez aussi tenir la main des autres membres du groupe. Alternativement, vous pouvez vous accrocher à un grand cristal si vous en avez un, ou serrer un grand arbre dans vos bras. Essayez de respirer profondément et restez calme et détendu. Cela peut sembler dérangeant et désagréable, mais acceptez cette énergie comme un cadeau spécial. Cela peut signifier que vous recevez une « remise à niveau » énergétique, une mise à jour de l'ADN, un nettoyage des chakras ou une guérison spéciale. Cela peut aussi signifier que votre corps est utilisé comme un conduit pour distribuer de l'énergie de guérison de haute dimension dans la terre. Quoi qu'il en soit, vous apprécierez un sentiment clair d'ouverture énergétique, d'éveil et d'exaltation en un jour ou deux. Certaines personnes ont raconté comment cette expérience unique a profondément et positivement changé leur vie de façon permanente.

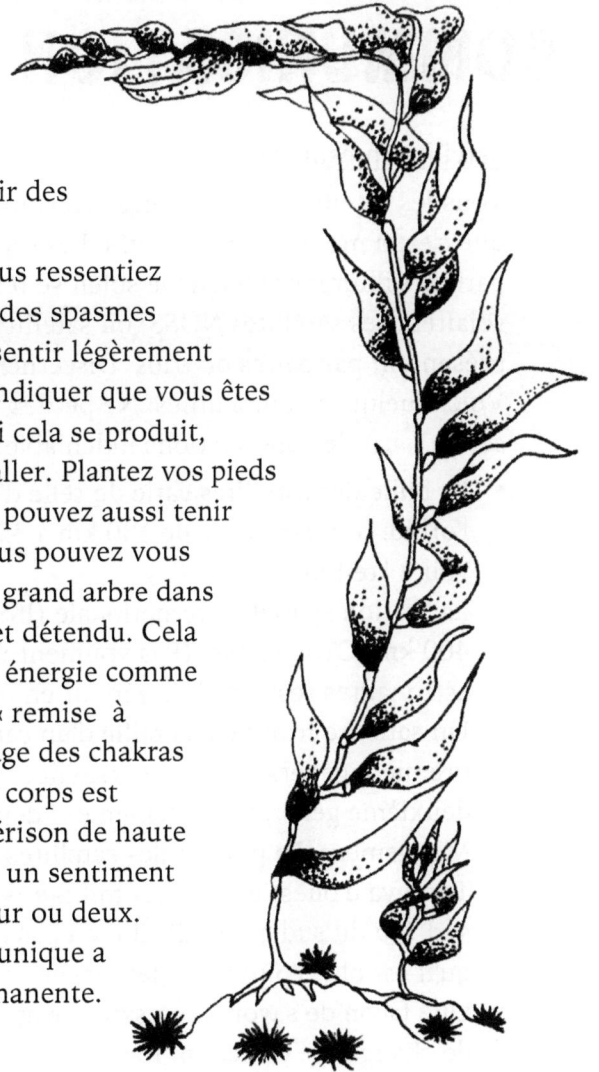

Fusionner:

Pendant que vous êtes dans un état de détente et de fortes vibrations, vous pouvez soudainement ressentir des sensations internes de chaleur, de picotement, ou de sérénité interne qui se développent, se déplacent et circulent lentement dans votre corps. Cela peut indiquer que vous vivez une fusion, c'est-à-dire qu'un être dématérialisé interagit avec votre champ bioélectrique. C'est un moyen sûr pour un être de vous confirmer sa présence sur un plan énergétique. Mais c'est à vous de décider, par votre intention, d'accueillir et de soutenir cette interaction ou de la rompre. C'est à vous de choisir. L'entité peut aussi exprimer de la curiosité et choisir d'explorer, d'étudier ou de se connecter subtilement avec vos corps énergétiques physiques. Il peut aussi y avoir une guérison. Pour beaucoup, ce lien est un cadeau unique.

"Est-ce mon imagination ou une véritable expérience psychique?" La réponse n'est pas aussi importante que votre expérience; elle a une signification personnelle dans les deux cas. Cependant, au fur et à mesure que vous vous entraînerez, vous apprendrez à faire la différence. Lorsque vous deviendrez familier avec les processus, il sera évident pour vous qu'une communication s'insère dans votre expérience. Si vous prenez un CE-5, ne soyez pas gêné, partagez votre expérience avec le groupe, que vous en connaissiez ou non l'origine. En science, il faut être intrépide. Vous reconnaître que vous ne connaissez pas tous les tenants et aboutissants de cette expérience. Cependant, elle peut être importante pour un autre membre du groupe.

COMMUNICATION EXTERNE

Satellites présumés

Tous les satellites sont appelés "présumés" pour indiquer que nous ne savons pas vraiment ce que c'est à moins d'être prouvés. Les satellites traversent le ciel à un rythme lent et peuvent parfois s'illuminer lorsque le soleil se reflète sur leur équipement tels que les panneaux solaires. Les satellites NOSS, ou satellites de type NOSS (Naval Ocean Surveillance System), se présentent par paires ou trios. Discerner la véracité des satellites est un exercice amusant. Voici quelques points utiles. Ne perdez pas trop de temps et ne prenez pas les choses trop au sérieux, car des observations indéniables viendront.

- La taille des satellites varie de celle d'un melon à celle d'un camion pick-up et la distance de l'orbite terrestre varie de 180 km à 35 000 km. Quelle est la taille des satellites que l'on peut voir à l'œil nu?
- La Station spatiale internationale (ISS) a la taille d'un terrain de football et ne s'élève qu'à 400 km. C'est visible. (Pas vraiment un satellite: c'est un laboratoire de science avec 3 à 10 astronautes résidant à l'intérieur en même temps, cool hein?)
- Un satellite Iridium a la taille d'un camion, 780 km de haut, et est à peine visible. (La première génération de ces satellites produisait un flash très visible. Malheureusement, la deuxième génération, pleinement déployée, ne produit pas un flash).
- Mouvement: La plupart des satellites se déplacent dans une seule direction: la rotation de la Terre va d'ouest en est. Les militaires se déplacent perpendiculairement à cela: Du nord au sud (ou du sud au nord). Il n'y a pas beaucoup de satellites qui vont d'est en ouest parce qu'il est plus coûteux de les lancer en orbite rétrograde.
- Une façon de savoir si un satellite est "présumé" ou non est de lui demander de s'allumer ou de changer de direction. Rassemblez vos esprits et vos cœurs et demandez: quelques groupes ont reçu une réponse!
- Certains satellites présumés "clignotent" ou "scintillent" brillamment. Il pourrait s'agir d'un satellite qui tourne en rond dans l'espace, réfléchissant le soleil. Ou pas.
- Certaines nuits, nous voyons tellement de satellites présumés; certaines nuits, nous ne voyons presque rien du tout. On pourrait essayer de creuser un peu plus avec une application satellite, mais il y a des débris spatiaux. Nous avons renoncé à celle-ci et avons laissé les "satellites présumés" parler d'eux-mêmes.

Météores présumés, ou Streakers

- Ils sont aussi appelés "présumés" parce qu'ils ne peuvent pas être prouvés d'une façon ou d'une autre. La partie la plus anormale au sujet des streakers est le nombre élevé de streakers qui peuvent se produire lors d'une nuit CE-5. Assurez-vous que ce n'est pas une nuit de pluie de météorites si vous voulez clamer toute différence.
- Il y beaucoup de types de streakers: taille, vitesse, couleur, distance parcourue. Lors d'une retraite au mont Shasta, nous avons vu des streakers qui ont traversé toute la largeur du ciel en une fraction de seconde, des streakers larges, épais, orange et verts, des streakers qui avaient un "tremblement", et un streaker qui était d'une forme qui s'est séparée en deux.
- Les streakers apparaissent souvent à des moments synchrones, par exemple, lorsque nous disons "Merci", ou lorsque l'ET veut mettre en évidence quelque chose dont il est d'accord.

Étoiles présumées

Les étoiles "présumées" se déplaceront dans la direction opposée à toutes les autres étoiles. Vous aurez besoin d'un point de référence comme un arbre pour comprendre cela. Ils clignotent parfois de temps en temps, ou scintillent de couleurs différentes.

Flashbulb

Un "flashbulb" est un flash rapide qui ressemble à une photo de vous prise par quelqu'un là-haut avec le flash de l'appareil photo allumé. C'est rapide! Celui qui voit le premier flash dit au groupe où se trouve le flash et tout le monde se concentre sur cet endroit - très souvent, d'autres viennent. Parfois, les flashs restent au même endroit. Parfois ils bougent et continuent à bouger, parfois de façon erratique, parfois rythmiquement, parfois en zigzag, parfois sur leur trajectoire. Nous avons vu deux fois une série de flashbulbs plus de 50 fois, trop nombreuses pour les compter avec précision. La première fois, les gens s'ennuyaient après avoir compté plus de 45 flashs et se sont remis à raconter des histoires d'OVNI pendant que je hurlais "....48 !..... ! 49 !...50!" J'adore mon groupe!

Power-up

Un "power-up" commence par être un satellite présumé, un low-flier, une étoile ou ce qui ressemble à un avion. Ensuite, la lumière s'éclaire, ou un grand orbe brillant clignote ou "s'allume" autour de lui. Un exemple de power-up est sur la chaîne YouTube de Deb Warren : https://www.youtube.com/watch?v=OHC8X4j-i38. Lorsque vous regardez des séquences, n'oubliez pas que les appareils de vision nocturne augmentent le peu de lumière disponible, de sorte que l'ampleur d'un power-up est exagéré par rapport à ce que nous verrions à l'œil nu.

Low-flier

Ce sont des observations passionnantes. BEAUCOUP plus brillantes que n'importe quoi d'autre là-haut, ces lumières semblent être plus basses dans l'atmosphère.

Orbes

Que sont les orbes? Vous avez probablement vu ces sphères de lumière dans des photos. L'explication conventionnelle est qu'il s'agit de la réfraction de la lumière sur les particules de poussière. Cependant, il est étrange qu'ils puissent se déplacer contre le vent, accélérer, ralentir, faire des virages et sembler s'amuser dans des situations où règne une forte énergie. Ils peuvent être mobiles ou stationnaires, de toutes les couleurs et de toutes les tailles, du plus petit au plus grand. Certaines personnes peuvent les voir à l'œil nu. La plupart des gens les voient avec des lunettes de vision nocturne (ECETI est un excellent endroit pour jeter un coup d'œil à ces lunettes à plusieurs milliers de dollars que James nous partage). Les appareils photo numériques plus anciens (sans filtre IR) peuvent être utilisés pour capturer les phénomènes d'orbe à l'intérieur ou à l'extérieur. Utilisez un flash, mais veillez à ne pas aveugler quelqu'un dans votre groupe. (Ils ne seront pas contents!) Vous pouvez aussi utiliser une simple lumière infrarouge pour faciliter la vue des orbes, soit avec des lunettes de protection, soit lors de la documentation numérique. Individuellement ou en groupe, vous pouvez inviter des orbes pour une photo - vous serez peut-être surpris par le nombre qui se présentent à une séance photo!

Sondes

Des petites lumières qui s'approchent du groupe. Elles peuvent même apparaître à l'intérieur du cercle de contact. Elles peuvent aussi apparaître comme de petites lumières scintillantes. Elles sont peut-être intelligentes. Elles recueillent peut-être de l'information. Elles disent peut-être juste bonjour.

Ciel déformé

Un point dans le ciel qui ressemble à des vagues de chaleur, ou un point qui brille, qui peut avoir des couleurs ou être plus foncé.

Comment différencier des engins humains
- Les avions et les hélicoptères sont équipés de feux de navigation et de feux stroboscopiques, volent à altitude basse, ont une vitesse et une manœuvrabilité limitées et produisent du son.
- Les drones peuvent avoir une lumière, ils émettent un bruit si vous êtes assez près pour l'entendre, ont des vitesses et des capacités limitées, et ne sont pas autorisés à voler très haut. Le dernier point n'est peut-être pas pertinent : les gens peuvent les faire voler haut, quelles que soient les lois.

La vraie affaire : les navires ET ou les engins spatiaux militaires (Alien Reproduction Vehicles, ou ARV)
L'armée cache leur flotte de vaisseaux spatiaux, fabriqués à partir d'OVNIS écrasés. Un de mes amis a épousé un spécialiste militaire top secret qui a vu un de ces engins spatiaux dans la zone 51 (il recommande de faire une marche d'un million d'hommes à la base pour demander de voir ce qu'ils cachent, si quelqu'un veut organiser ça). Peut-on faire la différence entre un ARV et un vaisseau ET dans le ciel? Probablement pas. Nous supposons que l'armée ne répond pas à nos demandes télépathiques. Les ARV et les vaisseaux ET peuvent:
- Faire un virage à angle droit, faire marche arrière ou s'arrêter et se déplacer à nouveau d'une manière que les avions, les drones et les hélicoptères ne peuvent pas faire.
- Faire des 'power-up.'
- N'ont pas de stroboscopes
- Ont des vitesses incroyables

Nos observations de groupe: au mont Shasta, lors d'une retraite organisée par Kosta, quelques-uns d'entre nous ont vu une dizaine de lumières, en deux formations parfaites, se suivant silencieusement à l'horizon. Nous avons également vu une lumière vive bouger, s'arrêter, se déplacer, s'arrêter et s'éteindre. Une autre fois, nous avons vu une lumière qui volait si bas qu'elle illuminait un nuage, qui a ensuite ralenti jusqu'à un quasi arrêt. Nous considérons un flashbulb comme étant une observation simple, rapide et indéniable.

Laissez-vous aller
Ne vous laissez pas trop emporter par la question de savoir si un OVNI et vrai ou s'il est d'origine inconnue ou interstellaire - si les preuves ne sont pas si convaincantes, pourquoi en débattre? Acceptez qu'il puisse s'agir d'un vaisseau et économisez votre énergie pour des expériences indéniables. Les groupes Facebook du CE-5 attirent toujours quelques trolls... Si vous êtes le genre de personne qui est méchante avec les autres, si votre aptitude au discernement est limitée, vous n'aurez pas beaucoup d'observations. C'est parce que la "méchanceté" est une faible vibration, et si vous avez une faible vibration, vous ne serez pas en mesure d'accéder aux observations très facilement. S'il vous plaît, ne vous comportez pas en brute.

"Pourquoi on ne voit que des lumières et pas d'engin physique cool comme les soucoupes?"
Les observations d'OVNI ont diminué ces dernières années. Demandez aux gens de vous raconter leurs expériences d'enfance ou d'il y a longtemps et vous entendrez des histoires étonnantes comme celles de notre groupe: un vaisseau de dodécaèdre avec le haut tournant à contre-courant de sa base, de vastes triangles noirs couvrant d'énormes portions du ciel, un vaisseau métallique dans le brouillard presque assez près pour toucher... les anciennes observations d'OVNI étaient cool!

Pourquoi des lumières lointaines maintenant?
C'est peut-être un problème de sécurité. Il se peut que les ET ne puissent pas s'approcher trop près parce que l'espace aérien (en particulier l'espace aérien nord-américain) est extrêmement restreint. Je suppose que les militaires vont les abattre s'ils les voient. Joli.

Rencontrer un être:

Jusqu'à présent, nous n'avons pas eu d'interaction directe avec des êtres lors d'un événement CE-5, mais un membre de notre groupe a rencontré un être dans sa maison. J'ai aussi un ami dans mon quartier, un chaman indigène, qui s'est trouvé face à face avec un être lors d'une de ses visites à un site sacré sous les tropiques, avec plusieurs témoins. Quand mon amie a vu l'être, des larmes ont commencé à couler le long de son visage... l'être s'est doucement éloigné, glissant de nouveau dans la jungle. Ce serait une expérience intense pour de nombreuses raisons, parmi lesquelles un soulagement profond, des sentiments d'amour surpuissants et/ou un désir ardent de réunification avec des familles galactiques dont nous avons été éloignés pendant trop longtemps.

La majorité d'entre nous ne sommes pas aussi prêts qu'un chaman à rencontrer un être. Nous craignons naturellement l'inconnu ou le "différent", en plus nous avons été programmés par les médias pour nous attendre à ce que les extraterrestres soient hostiles ou mauvais.

Préparer le groupe pour des interactions face à face est un bon exercice à faire. Soyez vraiment détendu et dans un état de concentration, et guidez le groupe à travers une visualisation où chaque personne rencontre un être. (Voir la section méditations pour un exemple.)

Un autre exercice consiste à visualiser la rencontre d'un ET au cours de votre vie quotidienne. Imaginez un ET à chaque coin de rue, en haut ou en bas des escaliers, au café, coincé dans un embouteillage dans la voiture qui vous précède, etc. Vous pouvez même décorer les murs de votre maison avec des photos des ET. En faisant cela, vous préparez votre esprit à accepter mentalement et émotionnellement, sans peur ni anxiété, une rencontre physique avec un être ET. Votre système de croyances est aussi en train d'être reprogrammé pour reconnaître que ces petites réunions sont en fait naturelles, normales et prosaïques. Cette stratégie aidera à libérer ces croyances inconscientes profondes qu'il est impossible de rencontrer un ET réel.

Lors d'un CE-5, ou dans votre vie quotidienne, vous remarquerez peut-être des phénomènes qui vous amènent doucement à la rencontre d'un être: entendre des pieds qui bougent, sentir un léger contact sur votre troisième œil ou quelque part sur votre corps, ou entendre respirer. Les êtres peuvent apparaître sous une forme non physique et inter-dimensionnelle comme des lumières scintillantes, des orbes, des formes énergétiques, des formes sombres ou floues ou ils peuvent être de nature entièrement physique. Il est rapporté qu'un sentiment d'amour profond est généralement présent au cours de ces interactions, que la communication télépathique soit présente ou non.

Des phénomènes autres que les observations:

- Changements de température - votre corps ou l'environnement peut se réchauffer ou se refroidir.
- Changements de pression- le plus souvent ressentie dans les oreilles. Cela peut indiquer un vaisseau ET au-dessus de vos têtes.
- Changements météorologiques - comme une diminution ou une augmentation du vent.
- Secousses ou vibrations corporelles, douleurs corporelles ou agitation incontrôlable.
- Frissons.
- Sons: bourdonnements, cliquetis, animaux réagissant à la présence d'humains et d'ET.
- Des sentiments d'amour si forts que les gens sont émus jusqu'aux larmes.
- Appareils électroniques/lumières qui s'allument ou s'éteignent spontanément, les chansons jouant sur des appareils par elles-mêmes.
- Nuages - formes, couleurs, nuages anormaux en mouvement ou colorés.

Conseils

- Encouragez les gens à partager leurs observations et leurs phénomènes lorsqu'ils se produisent. Les gens sont souvent timides et ne veulent pas déranger le groupe. Rassurez les gens, c'est bénéfique pour l'ensemble du groupe s'ils partagent, mais si vous sentez que quelqu'un est trop nerveux, donnez l'option de ne pas partager. Ce n'est pas une obligation.
- Souvent, les gens ne croient pas leurs propres yeux - demandez constamment aux gens s'ils ont vu quelque chose dont ils ne sont pas sûrs qu'il soit réel ou non.
- Laissez les gens partager même pendant la méditation - vous apprendrez quand dire "cool" et continuer la méditation ou si vous arrêtez la méditation pour observer d'autres développements.

À ne pas manquer : Le phénomène conventionnel du ciel nocturne

- Constellations, étoiles, planètes, Station spatiale internationale, télescope Hubble, aurores boréales.
- La Voie lactée : plongez profondément dans la nature et admirez la magnifique Voie lactée.
- Réfraction atmosphérique: Les étoiles au bord de l'horizon vues à travers les couches d'air turbulent de la terre semblent "scintiller". Regardez cette vidéo pour voir les effets: https://vimeo.com/188149183

Vikings naviguant sous les aurores boréales, Gerhard Munthe, 1899

"Pourquoi certaines observations d'OVNI sont-elles si douteuses? Pourquoi ne seraient-ils pas super évidents? C'est quoi cette histoire de "prétendus"?"

Nous croyons que les observations basiques sont difficiles à discerner. C'est en fait très accessible pour nous. La plupart d'entre nous ont une peur enracinée des "Aliens". Voir quelque chose et se demander si c'est peut-être d'origine humaine, peut-être des phénomènes naturels, ou peut-être des OVNIS n'est pas si effrayant. Les observations initiales servent également à d'autres fins: C'est un pont pour la croyance. C'est peut-être ce que je pensais ? Pourrais-je croire que c'est un OVNI ? Il vous aide à prendre des risques et vous ouvre doucement à toute cette histoire. Il élimine aussi les gens qui ne sont pas prêts - ils les rejettent facilement et n'y pensent jamais deux fois. Ainsi, un grand groupe de personnes diverses peuvent toutes voir la même chose et avoir des interprétations très différentes. La vie, c'est d'avoir des expériences différentes et créer la réalité que nous choisissons de créer. Les observations intiales permettent à chacun d'avoir son propre point de vue.

"Pourquoi certaines personnes peuvent voir quelque chose et pas moi ?"

Souvent, les gens regardent exactement le même endroit dans le ciel et seulement une personne voit les éclats très brillants s'éteindre à plusieurs reprises, et la personne à côté d'eux peut ne rien voir du tout. Ou, vous décidez de quitter le CE-5 et quelques personnes qui décident de rester en arrière voient quelque chose juste après votre départ. Super ennuyeux. C'est comme ça, c'est tout. Peut- être que vous n'êtes pas prêt, peut-être que ce n'est pas le bon moment pour vous, ou peut-être que vous avez cligné des yeux.

Pensez à la façon dont un chien peut entendre des choses que nous ne pouvons pas entendre. Même chose pour notre vue : nos yeux physiques ne peuvent voir qu'une très faible partie (0,0035%) de ce qui existe dans le spectre électromagnétique. Dans le contexte des OVNIS, la réalité dont les ET proviennent et dans laquelle ils existent normalement, est différente de la nôtre. La plupart d'entre nous ne peuvent pas voir cela sur l'échelle vibratoire. Il faut donc qu'ils s'adaptent ou qu'on s'élève à eux. Vous pouvez élargir votre gamme, comme beaucoup l'ont fait. Avec l'intention et la croissance, vous verrez des choses que vous ne pouviez pas voir auparavant. J'étais jaloux de quelqu'un dans notre groupe qui voyait régulièrement des lumières et des orbes autour de lui. Maintenant, je vois régulièrement autour de moi des scintillements et des petits " flashbulbs ". Avec le temps, vous y arriverez aussi. Essayez!

""Est-ce que je viens de l'imaginer ?" Peut-être, peut-être pas. Ça vaut la peine d'en faire part au groupe.

"Mais c'était peut-être un défaut de perception ?" Peut-être, peut-être pas. Ça vaut quand même la peine d'en parler au groupe.

> Note à l'animateur : vous avez vraiment besoin d'exercer votre voix de façon directive. J'ai vu des choses et j'ai parlé à voix haute en pensant que nous avions tous une expérience de groupe et j'ai découvert plus tard que personne ne m'écoutait et que, par conséquent, la plupart des membres du groupe ne voyaient pas l'OVNI ! Soyez direct : posez des questions directes et obtenez des réponses : "Regarde juste là !" "Qui a vu ça ?" "Gardez les yeux sur cette lumière, il y a quelque chose de différent." Au fur et à mesure que vous vous entraînerez, vous aurez une idée de ce qui vaut la peine d'être observée.

MÉDITATIONS

La méditation a de nombreux avantages scientifiquement validés :

- Relaxant et calmant
- Diminue le stress, l'anxiété, la dépression, la douleur, l'insomnie.
- Augmente la capacité de penser plus clairement et plus rapidement
- Épaissit le cortex cérébral du cerveau, améliorant la mémoire et la concentration.
- Augmente la capacité de sentir
- Renforce les télomères de l'ADN responsables de la longévité.
- Crée de nouveaux neurones (jusqu'à 30 000 par mois, une quantité énorme de puissance cérébrale)
- Augmente le volume du cerveau (le cerveau rétrécit normalement avec l'âge)
- Rétrécit l'amygdale, la partie "combat" ou "fuite" du cerveau (wow!)

Méditation et CE-5

Méditer vous aide à vous connecter à la conscience d'un seul esprit. Lorsque vous devenez vide (ou que vous vous connectez à tout - quelle que soit la façon dont vous voulez y penser), vous êtes dans un état de conscience pure qui n'est pas limité par le temps ou l'espace. Ainsi, la communication avec n'importe qui, à n'importe quel moment et dans n'importe quel espace est possible. De plus, la méditation sert comme outil pour libérer le canal et dompter l'esprit afin que les pensées aléatoires n'interfèrent pas avec les messages sortants ou entrants. Ainsi, plus vous méditez, plus vous pouvez communiquer télépathiquement avec nos amis des étoiles. Pendant un CE-5, nous recommandons de faire au moins une méditation yeux fermés pour vraiment se concentrer intérieurement et entrer dans la conscience d'un seul esprit.

Lecture de ce chapitre

Ce chapitre contient plusieurs exemples de méditations/exercices de groupe réalisés par des collaborateurs du monde entier. Vous pouvez apporter ce guide sur le terrain et le lire à haute voix à votre groupe.

Jouer des méditations enregistrées

Vous pouvez jouer des méditations pour tout le monde sur un appareil. Il y a des méditations sur l'application ET Contact Tool, et vous pouvez convertir n'importe quelle vidéo YouTube en mp3 en ligne en recherchant un convertisseur dans Google (comme https://ytmp3.com/).

Canalisation en tant que groupe :

Un membre de notre groupe a eu la chance d'effectuer un voyage d'activation énergétique en Égypte avec Sixto Paz Wells. Il a demandé conseil à Sixto pour le CE-5. Sixto a dit qu'il est impératif d'apprendre à canaliser la communication ET en tant que groupe. Pour ce faire, il a suggéré de méditer ensemble avec l'intention de recevoir des messages. Puis, après la méditation, partagez vos expériences les uns avec les autres. Si quelqu'un reçoit un message clair et direct, cela pourrait être de la communication. Lorsque plusieurs personnes reçoivent la même information, vous saurez que vous avez un message confirmé. Les messages sont toujours positifs, et jamais un avertissement ou une catastrophe.

Vos méditations

Avant d'examiner les exemples de méditations de cette section, considérez que la meilleure méditation est celle qui vient de votre propre cœur. C'est facile d'inventer votre propre méditation. Vous pouvez l'écrire à l'avance ou l'inventer à la volée avec le groupe. Parce qu'il y a beaucoup de pauses pendant la méditation pour respirer et cultiver une atmosphère détendue, il y a beaucoup de temps pour réfléchir à ce qu'il faut dire ensuite. Si ce n'est pas si lisse ou si vous foirez, vous pouvez tous rire, ce qui aide aussi à créer la bonne ambiance.

Comment méditer

La méditation est simple. C'est la CONCENTRATION. Vous pouvez vous concentrer sur :
- La musique
- Le son
- L'intention
- Le vide
- La connexion à tous
- Les mantras
- La respiration
- Un sentiment, comme l'appréciation
- Une partie du corps, comme le centre du coeur
- L'essence de lumière bleue de vous-même devant votre troisième œil
- Inhaler l'énergie pranique et l'expirer vers votre corps

Commencez par 5 minutes chaque jour, une fois par jour pendant un mois, puis passez à 5 minutes deux fois par jour. Augmentez à environ 15 minutes deux fois par jour. Les jours actifs, essayez de vous en tenir à l'habitude : asseyez-vous, même si ce n'est que pour 5 minutes. 5 minutes par jour, c'est mieux que 20 minutes une fois par semaine. Ne vous découragez pas si vous ne ressentez pas immédiatement un changement ou un effet. Il faut du temps pour s'y habituer. Essayez les rythmes binauraux de la gamme Thêta pour aider votre cerveau à se détendre dans la méditation profonde. Vous pourriez essayer quelque chose de semblable à la méditation, comme colorier, marcher, jouer de la musique ou faire un tour en voiture. Si la méditation n'est pas votre truc, c'est ok. Bien que la méditation soit bénéfique, ce n'est pas essentiel.

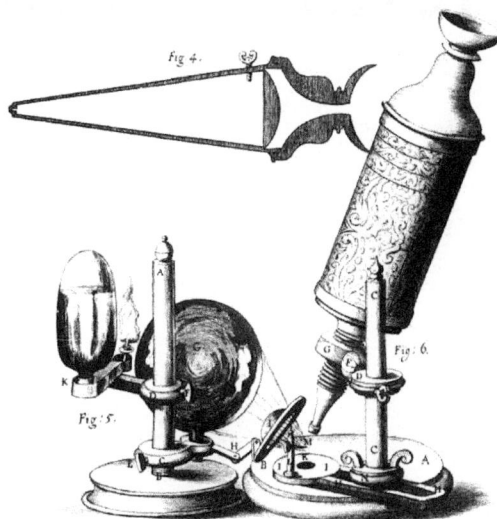

Microscope de Robert Hooke 1665

"Il y a

beaucoup plus de preuves que la méditation de groupe

peut arrêter la guerre comme si on éteignait les lumières,

qu'il n'y a

de preuves que l'aspirine

réduit les maux de tête."

—John Hagelin

L'avantage d'un groupe :
L'une des raisons pour lesquelles la CE-5 fonctionne si bien est le phénomène de la méditation de groupe. Il y a plusieurs études qui montrent que lorsque nous méditons en tant que groupe, nous sommes très puissants. Il a été démontré que la méditation de groupe (l'effet Maharishi) réduit la criminalité, les suicides et les décès dans les zones environnantes entre 13% et 82% (avec une moyenne de +70%) pendant les séances.

John Hagelin est physicien quantique et président de la Maharishi University of Management à Fairfield, Iowa. Il dit,

"Plus de cinquante projets de démonstration et vingt-trois études publiées dans d'importantes revues à comité de lecture ont montré que cette nouvelle approche de la paix mondiale fondée sur la conscience neutralise les tensions ethniques, politiques et religieuses dans la société qui donnent lieu à la criminalité, à la violence, au terrorisme et aux guerres. L'approche a été testée à l'échelle locale, de l'état, nationale et internationale, et elle a fonctionné à chaque fois, entraînant des baisses très importantes des tendances sociales négatives et des améliorations des tendances positives. De grands groupes d'experts créateurs de paix, pratiquant ensemble ces technologies de la conscience, plongent au plus profond d'eux-mêmes au niveau le plus fondamental de l'esprit et de la matière, que la physique appelle le champ unifié. À partir de ce niveau de vie, ils créent un raz-de-marée d'harmonie et de cohérence qui peut modifier la société pour le mieux de façon permanente, comme le confirme la recherche. Et cette approche basée sur la conscience est holistique, facile à mettre en œuvre, non invasive et rentable." (Voir http://www.permanentpeace.org pour plus d'informations.)"

Méditations du dimanche
Il y a plusieurs groupes à travers le monde qui méditent les dimanches pour visualiser le changement pacifique pour la planète. Pour rejoindre l'un de ces groupes, rendez-vous sur :

> http://www.globalunitymeditation.com/
> https://www.facebook.com/groups/128179887330632/ (Nous dirigeons celle-ci!)
> http://2012portal.blogspot.com/2016/08/make-this-viral-weekly-ascension.html

Pour en savoir plus :

> http://www.worldpeacegroup.org/washington_crime_study.html
> http://thespiritscience.net/2015/06/18/studies-show-group-meditation-lowers-crime-suicide-deaths-in-surrounding-areas/
> https://www.thewayofmeditation.com.au/scientific-evidence-mass-meditation-can-reduce-war-and-terrorism
> https://www.youtube.com/watch?time_continue=36&v=wJ0O1FTn9RQ

Nous voulons aussi mentionner que le nombre de groupes qui organisent des sessions de méditation dans le monde entier est en augmentation. Lorsque les esprits et les cœurs se concentrent collectivement sur la paix - la bonté envers les animaux, l'harmonie internationale, le respect mutuel, la préservation de l'environnement, la prospérité pour tous, tout ce que vous voulez pour votre monde - l'énergie est amplifiée de façon exponentielle et rapproche chaque jour davantage la manifestation de ces idéaux. On ne saurait trop insister sur la valeur de la prière et de la participation active ou à distance aux groupes de méditation.

- Messages de Matthieu, 14 février 2018

Vision d'un nouveau monde (Dr. Greer)

Tenez les mains de votre voisine et voyez qu'il y a un cercle parfait de lumière. Sentez la paix profonde qui réside en nous, le calme et la tranquillité. Dans votre for intérieur, prenez conscience qu'il y a un vaisseau interstellaire transdimensionnel qui est autour de nous et que nous sommes en son sein. Il y a des êtres extraterrestres qui méditent avec nous, et nous voyons ce bel anneau de lumière quand nous nous tenons les uns les autres. Parmi nous, il y a des formes de vie ET déplacées au-delà du point de croisement de la lumière et ils se tiennent la main avec nous. En entrant ensemble dans cet état de silence pur, nous voyons au plus profond de chacun de nous une source de lumière pure : la conscience transformée en lumière. Elle s'élève à travers nos chakras habilités par la lumière de la terre et la puissance de Gaïa et elle atteint notre cœur, puis elle s'élève jusqu'à notre couronne chakra et elle éclate en avant vers l'espace au-dessus de nous. C'est une colonne de lumière parfaite. D'abord, chacun de nous projette individuellement ces colonnes, puis nos colonnes se fondent en une seule et cette lumière va de gauche à droite autour du cercle et devient un faisceau massif de lumière céleste allant vers le haut dans l'espace en perçant la stratosphère. Cette lumière se répand, notre lumière et la bonté à l'intérieur de la terre et de l'humanité et notre plein potentiel d'illumination se répand de ce lieu à

chaque étoile, chaque galaxie et chaque forme de vie intelligente dans le cosmos. Nous demandons au Grand Esprit qui est infini et illimité de faciliter cette belle lumière comme un rayon qui monte, d'être un guide pour les civilisations capables de voyager interstellaire pour venir en ce lieu sur terre. En fin de compte, nous voyons ce faisceau de lumière entrer dans un vaste centre interstellaire. Il a des milliers de kilomètres de diamètre dans l'espace. C'est ici que les ambassadeurs d'autres civilisations se sont rassemblés pendant des millions d'années. Nous voyons qu'ils nous voient clairement comme dans notre propre esprit nous les voyons. Nous leur demandons de se joindre à nous ici et dans leur essence de pensée, ils le font. Nous voyons qu'ils renvoient à travers nous une lumière cosmique venant du zénith des cieux dans ce beau cercle de gens et à travers nous vers la Terre, et la Terre sonne comme une cloche. Avec la résonance de cette lumière cosmique, elle atteint chaque homme, chaque femme et chaque enfant sur terre et ils voient une nouvelle vision d'un monde nouveau se manifester de l'intérieur de nous dans la terre physique. Nous demandons donc au Grand Esprit que pour chaque homme, femme et enfant de la terre, leur cœur et leur esprit, leur essence et leur esprit soient éveillés aux vérités simples que nous sommes un peuple dans le cosmos et qu'il est temps pour nous d'entrer dans la civilisation universelle et la paix sans fin. Nous voyons tous les secrets qui ont été cachés à l'humanité qui ont été dévoilés. Les merveilleuses technologies qui pourraient transformer la terre en une roseraie de paix et d'abondance pour le bien de l'humanité. Nous voyons toutes ces forces sur terre qui sont rétrogrades ou qui résistent à cette transformation transmutée par la beauté de cette vision. Maintenant, nous voyons cette lumière devenir plus forte, et nous voyons cristallisé dans notre esprit, et notre vision, un nouveau monde. Ce sera un temps de paix sans fin et ininterrompu pendant des centaines de milliers d'années. Bien qu'elle puisse d'abord être une paix extérieure, la réalité est qu'elle évoluera vers l'âge de l'illumination et qu'au fil du temps, chaque enfant né sur terre naîtra dans la conscience cosmique et évoluera donc dans la conscience de Dieu et dans la conscience d'unité universelle. Au fur et à mesure que l'humanité évolue de cette façon, nous voyons que nous devenons les ambassadeurs d'autres planètes, répandant l'illumination de la terre comme l'illumination a été apportée à la

terre par les anciens avant nous. Nos cœurs sont remplis de joie devant cette vision et nous demandons au Grand Esprit de nous aider à la réaliser et nous invitons ces civilisations interstellaires qui attendent patiemment notre arrivée à nous aider alors que nous faisons le vœu de les aider. Les enfants sur terre seront les points d'entrée des canaux vers lesquels cette connaissance, cette vision et cette réalité se manifestent sur terre. C'est pourquoi nous demandons au Grand Esprit que cette belle époque, dont nous savons dans nos cœurs qu'elle est la destinée de l'humanité, soit enclenchée. Nous nous consacrons les uns avec les autres et avec la Terre, et avec l'espace, et avec tous ces visiteurs, nos frères et sœurs, de tout système stellaire, pour créer un monde nouveau, et nous voyons qu'il est déjà né, dans le domaine des idées, et qu'il est prêt à être rendu manifeste, exigeant notre action. Ainsi, avec un certain effort de notre part, aidé par le Grand Être et les royaumes invisibles et le monde des esprits, et ces civilisations interstellaires, ce qui semble impossible devient inévitable. Nous le verrons se manifester de notre vivant, et nos cœurs sont remplis d'amour et de joie à la vision d'un monde nouveau. Namaste.

Initiative mondiale du CE-5 (Kosta)

1. Faites ce contact ET n'importe quand, n'importe où, tant que c'est confortable et sûr pour vous.

2. Choisissez l'endroit et les personnes que vous croyez compatibles, respectueuses et enthousiastes au sujet de cet effort coordonné. En tant "qu'êtres vibrants", la peur ou d'autres émotions fortes peuvent affecter vos résultats.* Apportez votre bonne volonté, votre amour, votre joie et votre ouverture à l'expérience. Les ET vont "reprendre" vos nobles vibrations positives. Vous pouvez aussi le faire seul.

3. Liez-vous cœur à cœur avec votre groupe. Circuler l'énergie d'amour.

4. Imaginez une sphère d'amour au centre de votre cercle avec chacun de vos cœurs qui y est relié. Projetez cette colonne d'énergie d'amour dans le ciel comme une balise vibrante et brillante.

5. Lorsque vous entrez en méditation, dans votre imagination, créez des liens cœur à cœur avec tous les autres groupes du Contact Mondial qui se joignent à vous sur toute la planète. Alors, incluez aussi nos Amis des Étoiles lorsque vous les invitez et les guidez jusqu'à votre emplacement. Vous pouvez les guider jusqu'à votre emplacement en projetant votre conscience vers eux et en visualisant comment voyager de notre soleil jusqu'à dans notre Terre. Au fur et à mesure que vous l'approchez dans votre imagination, faites un zoom devant vous, de plus en plus près de votre position spécifique à la surface de la terre. Montrez-leur les images de l'endroit où vous trouver!

6. Mentalement et avec votre cœur, demandez à nos amis ET ce que vous et nous pouvons faire en coopération avec eux pour apporter une guérison pour notre planète Terre. Invitez-les à s'impliquer davantage dans nos affaires humaines, en reconnaissant qu'il est néanmoins de la responsabilité de l'humanité de résoudre ses problèmes.

7. Rappelez-vous que le contact ET peut prendre plusieurs formes. Il peut s'agir de l'observation d'un vaisseau, d'un rêve lucide, d'un message télépathique, d'un contact à l'épaule ou au genou, d'un phénomène électrique étrange avec des appareils de communication ou des lumières, et bien plus encore.

8. Par la suite, veuillez ajouter votre expérience de l'événement CE-5 aux archives du rapport ET Let's Talk !

*REMARQUE : La façon dont vous abordez votre expérience du CE-5 est CRITIQUE. Si vous avez une attitude de peur, de scepticisme profond, d'hostilité, d'étroitesse d'esprit... les chances sont bonnes pour que vous échouiez à établir le contact.

Unité universelle

Fermez les yeux et prenez trois grandes inspirations, en expirant à chaque fois par un soupir.

Continuez à vous concentrer sur votre respiration: à chaque inspiration, inspirez l'énergie lumineuse qui vous entoure. À chaque expiration, libérez tous les soucis de la journée, la lutte pour la survie, tout le stress et la négativité... Rien à faire, nulle part où aller, personne à impressionner. Inspirez la paix, expirez, relâchez.

Écoutez le vent dans les arbres (ou le bourdonnement de la circulation, ou de l'électricité, (selon l'endroit où vous vous trouvez). Étendez votre sensibilisation vers l'extérieur pour inclure vos amis à côté de vous, les arbres et les animaux autour de vous, les gens dans les voitures sur l'autoroute au-delà, les villes occupées et les pays lointains. Vous êtes chaque personne et chaque chose, et vous pouvez sentir ce que c'est que de conduire sur l'autoroute, d'être un enfant qui joue dans le parc ou d'avoir les feuilles qui bruissent à la cime des arbres.

Votre conscience s'étend plus loin, y compris de vastes étendues de terre et d'océans, dans l'espace, embrassant notre système solaire et l'infini, où vous pouvez entendre le bourdonnement profond des planètes tournant autour de leurs soleils, sentir les galaxies tourner, et voir de doux nuages nébuleux de couleur. Vous êtes les merveilles de la nature: planètes, lunes et étoiles, forêts, cascades et marées, habitants des mondes. Entendez à la fois le vent dans les arbres à proximité et la musique de l'univers. Vous êtes tout ce qui existe.

Réduisez cette conscience dans l'espace directement devant votre troisième œil. Dépouillez-vous de votre personnalité, de votre individualité, des distractions de votre environnement, de vos pensées. Vous êtes dans le vide, flottant dans le noir. Vous êtes la conscience originelle. Vous ressentez la paix de l'amour infini... vous êtes la réalité ultime, qui est la béatitude.

Les pensées et les images peuvent se manifester, et vous les laissez aller et vous revenez à ce point unique de concentration et de prise de conscience. Vous êtes devenu le point unique de conscience qui est la même conscience qui est ressentie par toute autre personne sur terre, tout autre être éveillé et conscient. Vous vous détendez dans cette conscience tranquille car elle vous égalise et vous connecte à une conscience universelle.

Chaque instant est une méditation (Matt Maribona)

Matt a découvert comment entrer en contact avec ET par lui-même de nombreuses années avant de trouver la communauté CE-5. Son exemple nous montre que chacun d'entre nous peut trouver son propre chemin unique pour entrer en contact.

Le CE-5 n'est pas seulement un terme; c'est une pratique d'amour, de solidarité et d'intégrité. Le CE-5 est tout au sujet d'être l'unique, aimant et joyeux que VOUS êtes. Le CE-5 est le début d'un voyage qui aidera à changer le monde. La méditation CE-5 ne devrait avoir ni début ni fin. La CE-5 est une question d'être. Dans l'univers, il y a une infinité de merveilles. Dans les galaxies, les étoiles et les planètes, se trouvent d'autres êtres uniques, comme nous, qui sont simplement des êtres. Ils attendent que nous nous rendions compte à quel point notre monde et notre vie sont spéciaux. Ils viennent de l'immensité des possibilités pour faire briller une lumière sur vous. Tout ce que nous avons à faire, c'est de nous unir et de faire briller cette lumière sur notre monde et sur nous-mêmes. Chaque jour nous devrions manifester le bien dans chacune de nos vies. Nos pensées sont puissantes et peuvent être utilisées pour créer la réalité dans laquelle nous vivons. Tout est conscient. Nous créons nos réalités avec ces pensées. Nous sommes essentiellement ce que nous pensons. En tant qu'espèce collective, nous pouvons créer un monde qui honore l'amour. Tout commence avec VOUS. Tout au long de la journée et en nous- mêmes, nous devrions être le changement que nous souhaitons voir

dans le monde. Nous devons être gentils l'un envers l'autre. Nous devons prendre soin de notre monde et assumer la responsabilité de nos actes. Souriez, donnez un coup de main à un étranger, faites de bonnes actions, portez l'espoir partout, montrez de l'amour pour tout. Ce monde est un paradis et tout est prévu. La séparation nous retient. Séparation de nous- mêmes, des autres, du monde et de l'univers. Nous sommes aimés et tout ce que nous avons à faire, c'est d'être. À la fin de la journée, quand les étoiles viennent briller pour toi, tout ce que tu as à faire, c'est de dire "Bonjour, je suis là pour l'amour et l'espoir." Votre vie quotidienne est la méditation. Le cœur qui bat en vous est tout ce qui compte. Une fois que tu auras trouvé ce centre cardiaque, tu n'auras plus qu'à regarder en l'air et dire: "Me voici, veux-tu te joindre à moi?" C'est ça, c'est ça! Lorsque vous prenez contact, vous verrez que l'amour est tout ce qui compte, un esprit ouvert et un cœur ouvert. Plus il y en a qui sont de la même fréquence et de la même vibration, plus les expériences seront profondes. Plus vous faites briller votre lumière, plus ils feront briller la leur. Ils nous attendent dehors alors même que vous lisez ceci. Tu es aimé. Montrez- leur un peu d'amour en retour. Fais-le ensemble.

Âge d'or

Prenez au moins trois grandes inspirations et relâchez tout le stress et la lutte de votre vie quotidienne. Ancrez-vous à la terre et ressentez votre connexion à la diversité de Gaïa, de l'humanité, de tous les êtres de l'univers et de la Source. Prenez quelques instants pour vous centrer et vous installer dans votre vrai « moi ». Respirez et détendez-vous profondément.

Maintenant, joignez-vous aux esprits et aux cœurs de tous les membres du groupe. Envisager l'évolution et la progression de l'humanité. Sentez votre conscience du monde tel qu'il est maintenant, prêt pour l'utopie à venir. C'est un cadeau et un honneur d'être sous forme humaine sur cette planète en ce moment. Dans votre œil mental, voyez le bon déroulement de l'aube continue de la nouvelle ère qui s'ouvre devant nous. Voyez des dirigeants et des manipulateurs corrompus du monde se retirer pacifiquement et être tenus responsables de leurs actes. Voyez les médias populaires libérés de l'emprise du contrôle, diffusant des informations essentielles à tous. Soyez témoin de la lente et constante révélation de la présence de notre famille de vedettes. Chérissez de voir l'espoir et le soulagement se poser sur le visage de chaque personne lorsqu'elle réalise que nous ne sommes pas seuls. Alors que la masse critique de la population accepte et adopte cette nouvelle réalité, voyez les scientifiques travailler, sans encombrement, à mettre en œuvre les technologies qui nous sont déjà offertes et à distribuer gratuitement de l'énergie dans le monde. Voyez le monde baigné d'harmonie et d'amour. Réjouissez-vous de l'abondance et de la paix qui seront à la disposition de tous.

Imaginez ce que vous ferez dans ce nouveau monde. Envisager la libération des prisonniers de guerre... les esclaves libérés... la maladie guérie... les affamés nourris.... l'énergie gratuite pour tous... communication avec des êtres d'autres mondes... à quoi ressemblera votre maison... à quoi ressemblera votre vaisseau spatial personnel... les vacances aux étoiles ou tout autour du globe... à quoi ressemble votre journée... où mettre vos énergies pour le travail... et à ce que vous ferez jouer... concentrer votre esprit là où votre coeur s'enflamme!

Ouvrez-vous à l'inspiration de votre moi supérieur sur les mesures que vous pouvez prendre pour faciliter ce changement. Prenez un moment pour écouter les conseils sur la façon dont vous participerez le plus efficacement à ce processus joyeux.

Sachez que cette belle vision de l'avenir s'en vient; ce n'est qu'une question de temps. Conjurez des sentiments d'appréciation et de paix pour cette réalité qui existe déjà dans un flux intemporel.

Rencontrer un être

Ayez l'intention que votre groupe fasse une méditation où vous rencontrerez un être, en préparation d'un éventuel contact face à face. Demandez aux membres du groupe de réfléchir au genre d'être qu'ils aimeraient rencontrer : Humain ? Non-humain ? Quelques-uns à choisir parmi : Pléiadiens, Nordiques, Apuniens, Hathors, Pléiadiens, Nordiques, Félins, Arcturiens, Hommes Oiseaux, Gris bien intentionnés, Reptiliens bien intentionnés, etc.

Alternativement, ils pourraient rencontrer des membres de l'équipe d'ET affectés à votre groupe CE-5 ou leur émissaire ET personnel.

(Petite histoire : Paul Hellyer, l'un des anciens ministres de la Défense du Canada, dit qu'il y a 82 espèces exotiques qui sont connues pour avoir visité la terre).

Ouvrez la méditation avec n'importe quel type d'exercice de respiration ou de relaxation. Vous pouvez enchaîner avec un exercice de relaxation, ou vous pouvez utiliser une visualisation: monter dans un ascenseur et de compter jusqu'à dix étages, devenant de plus en plus détendu à chaque niveau passé. Il est particulièrement important d'être aussi détendu que possible tout en faisant cette méditation, alors prenez votre temps sur cette partie - faites-en environ la moitié de toute la méditation. Le but est d'être aussi détendu que l'état dans lequel nous nous trouvons juste avant de nous réveiller : c'est souvent le moment le plus détendu de notre journée.

Une fois que vous avez amené tout le monde dans un état de relaxation profond, demandez à chacun de créer un endroit sûr où il aimerait rencontrer un être extraterrestre. Il peut s'agir d'un lieu sacré, d'un parc, d'une prairie, de la plage où Jodi Foster a rencontré son "papa" dans le film Contact, d'une station spatiale galactique, etc. Si vous utilisez la technique de l'ascenseur, ouvrez les portes vers cet endroit sûr. Au fur et à mesure que chaque personne entre dans cet espace, demandez-leur d'étoffer les détails : les vues, les sons, les odeurs, le sol sous leurs pieds. Demandez-leur de marcher jusqu'à l'endroit où ils rencontreront l'être.

Demandez à chacun de créer son invitation comme il l'entend : un appel téléphonique, un appel télépathique, une invitation écrite, un courriel, etc. Visualisez l'être qui reçoit le message et qui commence son chemin.

Imaginez maintenant le premier niveau de contact. Est-ce qu'il regarde un vaisseau spatial lointain ? Voyez-vous l'être au bord de la plage ? Assieds-toi et contemples cela pour un moment. N'oubliez pas de respirer, d'expirer et de vous détendre complètement. Sentez le stress qui s'échappe de votre corps et sentez vous profondément détendu.

Maintenant, dites au groupe de demander à l'être de s'approcher. Donnez au groupe environ cinq minutes pour communiquer avec cet être au rythme qui leur convient le mieux. Rappelez-leur de continuer à cultiver leur état de relaxation profonde. Faites remarquer à votre groupe que chacun contrôle cette interaction et qu'il peut demander à l'être d'approcher ou de battre en retraite à tout moment. Dites-leur que si les choses se sentent mal à l'aise ou effrayantes, de respirer dans les sentiments et de laisser ces sentiments se dissiper, en les remplaçant par la confiance, l'amour et l'appréciation.

Une fois le temps écoulé, demandez au groupe de conclure leur communication avec l'être.

Demandez- leur de remercier l'être et d'écouter la réponse de l'être. Au fur et à mesure que l'être s'éloigne, rappelez au groupe de continuer avec ce sentiment de détente. Demandez-leur de prendre note de ce qu'ils ressentent : sont-ils impressionnés par leur capacité à gérer leurs propres émotions et à permettre cette interaction ? Ont-ils le sentiment d'être appréciés pour ce qu'ils ressentent comme une représentation ou une interaction réelle de bienveillance et d'amour ? Laissez-les se prélasser dans la chaleur de cette interaction après leur départ.

Maintenant, ramenez doucement chaque personne à notre réalité commune. Si vous avez pris l'ascenseur, redescendez les étages, vous vous sentirez plus éveillé en passant chaque étage. Invitez les gens à remuer les doigts et les orteils s'ils le souhaitent, ou à prendre quelques grandes respirations pendant qu'ils s'acclimatent à votre emplacement.

Les Hathors ont aidé le peuple de l'Égypte ancienne. Cette représentation provient d'un instrument de musique, 664-525 av.

69

Méditation rapide CE-5 (Deb Warren)

Cette méditation peut être trouvée à : https://www.youtube.com/watch?v=spkk6TwWpzg&feature=youtu.be

1. Imaginez une boule dorée d'énergie se former à votre chakra du cœur, s'agrandir et s'illuminer, puis se déplacer autour du cercle, dans le sens contraire des aiguilles d'une montre, passant par le chakra du cœur de chaque personne. Il tourne plus vite en formant un anneau d'or, puis s'aplatit sur un disque d'or et nous commençons à nous sentir plus cohérents - nous faisons ce voyage ensemble.

2. Maintenant, en tant que groupe, nous commençons à chanter le mantra : Im Na Ma. Im Na Ma, Im Na Ma, en formant le tétraèdre Merkabah dans notre esprit. Et le disque s'ouvre maintenant sur un vaisseau ET doré, qui nous entoure. Il flotte doucement vers le haut et porte nos corps astraux/de lumière, et s'arrête au-dessus de nous.

3. Et maintenant... on fait un hyper-saut.

4. Nous sommes maintenant en orbite géostationnaire au-dessus de notre position. Nous pouvons voir le soleil briller sur l'océan Pacifique à l'ouest, la Terre se transformer dans l'ombre à l'Est. Un éclat de lune peut être visible [adaptez ces instructions pour votre région]. Cherchez la planète Saturne, comme une étoile très brillante, elle peut être à gauche[ou à droite] du soleil, qui est notre destination.

5. Et maintenant... on fait un hyper-saut.

6. Nous sommes maintenant au-dessus des anneaux de Saturne, et nous pouvons voir une grande station spatiale ET en orbite entre les anneaux et la planète. La station spatiale fait 40 kms de long et plusieurs étages de haut. Notre vaisseau ET se dirige vers un très grand hangar. Il y a beaucoup d'embarcations ET qui entrent et sortent. Nous entrons dans le hangar, et cherchons un endroit pour débarquer notre vaisseau d'or. Nous atterrissons doucement et le navire d'or s'évanouit.

7. Cet endroit est comme la gare de Grand Central. Il est rempli d'un très grand nombre d'êtres, tous des êtres qui vont et viennent. Beaucoup d'espèces différentes. Personne ne semble remarquer notre arrivée, et nous ne savons pas où aller ensuite.

8. Nous nous réunissons en groupe, en silence envoyant ce message télépathique : nous sommes des humains et c'est la première fois que nous visitons. Aidez nous. Veuillez envoyer quelqu'un pour nous guider.

9. Presque immédiatement, nous pouvons apercevoir un groupe d'ET qui se dirigent vers nous. Bientôt, ils sont directement devant nous, nous faisant signe d'un doigt que nous devons les suivre. C'est ce que nous faisons.

10. On nous emmène dans une pièce à côté du hangar. Une porte se ferme, et soudain c'est calme. Il y a au moins un ET ici pour interagir avec chacun. Vous pouvez demander une visite de cette station spatiale, des explications, et un dispositif d'affichage sera produit pour vous aider à comprendre. On vous demandera peut-être

de vous rendre dans une salle de réunion pour une présentation. Je vous donne quelques minutes pour vivre ces expériences, et peu importe le temps que vous y consacrerez, ces quelques minutes seront tout le temps qu'il vous faudra.

11. Je vais me taire et profitez de votre expérience.

12. Note à l'animateur : attendez quelques minutes. Vous sentirez quand tout le monde aura terminé son expérience, puis vous retournerez sur la Terre. Assurez-vous d'avoir également une expérience sur la station spatiale ET.

13. Où que vous soyez ou quoi que vous fassiez, vous avez l'intention de retourner vers le groupe qui vous attend dans le hangar. Saluez les ET, faites-leur ressentir votre gratitude, faites- leur sentir combien vous êtes ravi, faites-leur savoir si vous êtes prêt à revenir.

14. Nous sommes debout en cercle, tout le monde est revenu.

15. Imaginez une boule dorée d'énergie se former à votre chakra du cœur, s'agrandir et s'illuminer, puis se déplacer autour du cercle, dans le sens contraire des aiguilles d'une montre, passant par le chakra du cœur de chaque personne. Il tourne plus vite en formant un anneau d'or, puis s'aplatit sur un disque d'or et nous commençons à nous sentir plus cohérents - nous faisons ce voyage ensemble.

16. Maintenant, en tant que groupe, nous commençons à chanter le mantra : Im Na Ma. Im Na Ma, Im Na Ma, en formant le tétraèdre Merkabah dans notre esprit. Et le disque s'ouvre maintenant sur un vaisseau ET doré, qui nous entoure. Il flotte doucement vers le haut et porte nos corps astraux/ lumière, et s'arrête au-dessus des anneaux de Saturne. Nous cherchons le point bleu pâle qu'est la Terre.

17. Et maintenant... on fait un hyper-saut.

18. Nous sommes de nouveau en orbite géostationnaire juste au-dessus de notre position sur Terre, nous voyons une fois de plus le soleil briller sur Terre, et maintenant nous nous concentrons sur la position juste en dessous de nous.

19. Et maintenant... on fait un hyper-saut.

20. Notre engin d'or est juste au-dessus de nos corps physiques et il flotte vers le bas, retournant nos corps astraux/légers à nos corps physiques. Et puis s'évanouit.

21. Lorsque vous êtes prêt, prenez une grande respiration, ouvrez les yeux et bougez votre corps pour indiquer que vous êtes de retour.

22. Tout le monde doit se taire jusqu'à ce que tout le monde soit de retour.

23. Quand tout le monde sera de retour, invitez les gens à commenter les expériences qu'ils ont vécues pendant la méditation. Personne n'est obligé de partager. Vous voudrez peut-être demander s'il y avait quelqu'un dans le groupe qui n'avait aucune expérience du tout. Dans le prochain événement, vous concentrerez votre attention sur cette personne, en vous assurant qu'elle fait partie du groupe. Vous pouvez aussi demander à d'autres personnes de se concentrer sur eux.

Conseil interplanétaire

Tiré du livre de Don Daniels « *Evolution through contact* ». Pour en savoir plus sur son livre, ainsi que pour accéder à d'autres ressources, visitez le site Web de Don à : http://www.becomingacosmiccitizen.com/index.html

Asseyez-vous confortablement sur une chaise relativement droite, les pieds séparés et les mains sur les genoux, paumes vers le bas. Prenez une série d'au moins sept respirations lentes et profondes, inspirez aussi lentement et profondément que possible, puis faites une pause aussi longtemps que vous le pouvez confortablement, puis expirez lentement et profondément, puis faites une pause aussi longtemps que possible.

Continuez, en vous concentrant sur votre respiration, jusqu'à ce que vous soyez dans un état de relaxation profonde. Maintenant, visualisez votre respiration entrant par le haut de votre tête (comme un dauphin), descendant par tout votre corps et sortant par la base de votre colonne vertébrale et vos pieds lorsque vous expirez. Permettez à votre souffle d'apporter l'amour pur et la compassion, et exhalez toutes les pensées négatives des émotions, de cette façon vous vous purifiez vous- même avec chaque souffle.

Maintenant, commencez à vous concentrer sur la pause entre les respirations, et vous remarquerez que dans la pause, il y a un moment de silence profond, très profond. Entrez doucement dans ce silence, et laissez-le s'étendre de plus en plus longtemps à chaque fois jusqu'à ce que le silence finisse par remplir tout le souffle. Prenez conscience de la conscience elle-même, non pas du son vagabond que vous pouvez entendre, mais de celui par lequel vous êtes capable d'entendre ce son. De cette façon, les sons ne seront pas une distraction, mais simplement une reconnaissance de votre connexion à la conscience fondamentale qui imprègne chaque entité consciente dans l'univers. Ensuite, laissez aller le son, et retournez vous concentrer sur la communication avec le profond silence qui commence entre les respirations, car c'est votre connexion avec la Conscience Cosmique, la conscience collective de l'Univers.

Imaginez-vous maintenant comme un dauphin en train de jouer dans l'océan, sautant, tournant et plongeant, juste pour le pur plaisir. Profitez de la joie de vos perceptions et de votre liberté. Plongez profondément dans cette mer de conscience pure, puis nagez aussi vite que vous le pouvez, sautez dans les airs, et continuez à monter de plus en plus vite dans l'atmosphère, au-delà de la lune, au-delà de nos planètes et hors de notre système solaire. Voyez les étoiles passer de plus en plus vite, jusqu'à ce que vous soyez dans l'espace intergalactique à regarder toutes les belles galaxies qui vous entourent. Avec le silence profond contemplez ce qu'un beau Créateur d'univers a fait. Comprenez comment nous sommes tous connectés à travers cette création et à travers notre connexion avec la Conscience Cosmique, et comment nous sommes tous " Un " les uns avec les autres ! Maintenant, exprimez l'intention que vous souhaitez visiter le Conseil Interplanétaire, et permettez à votre conscience de vous conduire dans la bonne direction. Vous pouvez voyager à la vitesse de la conscience, vous devriez donc arriver assez rapidement. En vous approchant, notez vos impressions sur le bâtiment. Et maintenant, demandez la permission d'aller à l'intérieur. Il est fort probable que quelqu'un vous guidera ou que vous vous retrouverez simplement à l'intérieur.

Accueillez les guides avec respect et humilité, expliquez-leur que vous souhaitez leur rendre visite en tant que citoyen représentant de la Terre et demandez leur si vous pouvez visiter la salle du conseil. Entrez avec le même respect que si vous assistiez à une assemblée générale des Nations Unies. Vous serez très probablement introduit dans la galerie d'exposition. D'ici, admirez l'aspect et la convivialité des chambres. Quelle est la taille de la pièce, quelle est sa forme, quelle est la hauteur du plafond, à quoi ressemblent les murs et de quels matériaux semble-t-il être faits? Y a-t-il une table ou une zone de négociation, à quoi cela ressemble-t-il ? Y a-t-il des objets sur la table ou au-dessus ?

Maintenant, portez une attention particulière aux diplomates qui pourraient être présents. Quelles impressions en tirez-vous ? Prenez note de leur apparence physique, ainsi que des impressions émotionnelles ou des messages ou impressions télépathiques que vous

pourriez recevoir. Vous pourriez établir un lien avec l'un des diplomates. Offrez votre volonté d'aider à l'évolution de l'humanité au point où nous pouvons devenir des citoyens galactiques à part entière.

Maintenant, devenez attentif aux impressions que vous obtenez en retour. Maintenant, remerciez leur de vous avoir permis de venir rendre visite et préparez-vous à partir. Permettez à votre conscience de retourner à l'extérieur et de retourner rapidement à notre galaxie, à notre soleil, à notre terre et à votre corps. Votre conscience connaît le chemin et ne se perdra pas. Et maintenant, lentement et doucement, commencez à revenir à une conscience de réveil normale, devenant graduellement plus éveillée à chaque respiration.

Pendant que tout est frais dans votre esprit, prenez des notes d'impressions et placez le cahier à côté de votre lit. Vous trouverez très probablement des idées et des inspirations dans votre conscience au cours des prochaines semaines, en particulier dans l'état hypnagogique lorsque vous vous endormez ou que vous vous réveillez. Avoir le cahier à portée de main vous permettra de prendre des notes au fur et à mesure que les impressions arrivent.

Énergie de résonance (CE-5 Aotearoa, Nouvelle-Zélande)

Le but de cette méditation est de permettre un plus grand échange d'énergies subtiles qui entrent souvent dans le travail des équipes du CE-5.

Nous recommandons que chacun ait les pieds sur terre pendant ce processus. Les équipes peuvent aussi se tenir la main, ou même se tenir en cercle pour la partie guidée.

Commencez par une période de récupération, demandez à l'équipe de se détendre, de respirer lentement et profondément et de se concentrer. Respirez dans la paix et le calme, et permettez à tous les soucis et préoccupations de s'écouler à travers vos pieds dans la terre pendant que vous expirez. Demandez à la Terre de dissiper toutes les inquiétudes et de nous aider à nous concentrer sur nos intentions. Inspirez par le nez et expirez par la bouche. Demandez à chacun d'imaginer ou tout simplement "PERMETTRE", leurs mains astrales/corps d'énergie d'atteindre rapidement le centre de la Terre, rassembler l'énergie de la Terre, et l'amener jusqu'au premier chakra. Cela peut être aussi rapide qu'expirer pour envoyer votre demande, et remonter l'énergie au fur et à mesure que vous inspirez. Habituellement, nous le faisons TROIS fois pour chaque chakra avant de l'activer, car cela intensifie les sentiments, cependant, quand les gens sont très familiers avec cela, cela peut être fait une fois par chakra. Avec la méthode 3X, pour les deux premiers GARDEZ l'énergie dans le Chakra. Au 3ème passage, OUVREZ rapidement votre premier chakra ROUGE puis détendez-vous en l'observant tourner, etc. Ensuite, continuez à tendre la main vers le bas pendant que vous expirez, rassemblez plus d'énergie et amenez-la près du second chakra, en tirant l'énergie à travers le premier pendant que vous le faites [alignement]. Répétez ce processus jusqu'à ce que chacun est aligné et ouvert ses chakras ROUGE-ORANGE-JAUNE-VERT-BLEU-INDIGO-VIOLET.

Puis, la RÉSONANCE du groupe est formée en partageant ces énergies. Chaque personne devrait passer la lumière de leur 1er chakra rouge à la personne à leur droite, en absorbant de la gauche l'énergie de cette personne. Répétez rapidement, en demandant à l'équipe d'accélérer pour former un cercle rouge d'énergie dans le sens inverse de l'horloge. Montez jusqu'au deuxième chakra orange. Continuez jusqu'au chakra Couronne Violet. Maintenant, l'ensemble de l'équipe résonne uniformément. Cette action doit être étendue pour inclure les AUTRES PRÉSENTS [ET, Célestes, etc.] qui travaillent avec nous. Cela signifie que la résonance s'étend à travers les DEUX équipes. Le centre du coeur est le plus important, mais il est assez facile de parler au groupe avant de commencer.

Quand ces anneaux sont établis, les prochaines étapes sont d'établir une forme commune afin que les énergies peuvent circuler dans les DEUX directions.

Demandez à chacun d'imaginer les anneaux "s'effondrer" pour qu'ils résident dans le chakra du cœur. De la couronne vers le bas et de la base vers le haut. Ceci formera un tore, permettez-lui de se fondre et de devenir un anneau de lumière blanc, tournant dans le sens inverse de l'horloge.

Maintenant, renvoyez au centre de la Terre, un vortex de ce tore dans le SENS DE L'HORLOGE. C'est un "guide" pour ce qui suit. Demandez à la Terre de renvoyer un flux d'énergie dans le sens inverse de l'horloge qui se lie avec le vortex; à son arrivée, imaginez, laissez le s'enrouler autour du cœur tore, en le suivant dans le sens inverse des aiguilles d'une montre comme une bobine. Envoyez maintenant vers le haut à la personne avec qui nous travaillons, un vortex d'énergie dans le sens INVERSE de l'horloge. Demandez-leur de répondre en envoyant un vortex dans le SENS DE L'HORLOGE correspondant à notre chemin; à son arrivée, laissez-le s'enrouler autour de notre tore, en tournant dans le sens de l'horloge à chaque fois. Laissez-le "courir" à la vitesse dont il a besoin pour résonner.

Cette forme est TRÈS PUISSANTE et vous pouvez éprouver des flux d'énergie importants.

Demandez à l'équipe de garder cette "vision", ce champ d'énergie, fortement dans leurs pensées lorsque vous entrez dans la partie silencieuse de la méditation, dans laquelle vous cherchez à réaliser l'intention déclarée de l'équipe de travail CE-5. Permettez aux êtres ET ou avec qui vous cherchez à travailler, d'utiliser ce champ de résonance pour interagir avec votre équipe. Inviter spécifiquement l'énergie céleste/cosmique pertinente à être intégrée dans l'équipe à travers ce processus et cette forme résonnante, et demander à tous ceux qui le souhaitent, d'absorber ces énergies, permettant ainsi de les distribuer d'une manière utile.

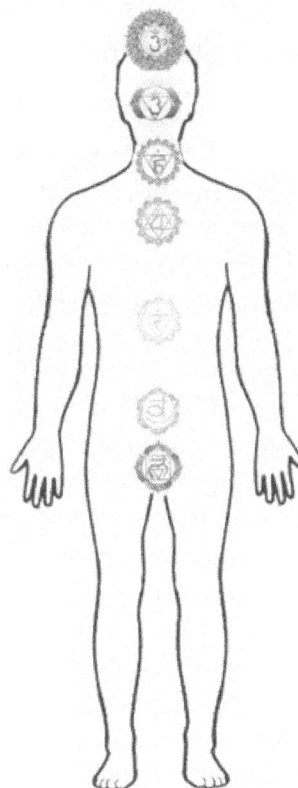

MÉDITATIONS: PURIFICATIONS

Les méditations de purification augmentent votre vibration pour devenir conscient des communications d'ET, internes et externes. Cela peut être aussi simple que de remercier chaque cellule de votre corps, ou de vous baigner dans la plus haute lumière. Des rituels de fumigation au foin d'odeur ou de sauge créent une charge dense et neutre, libérant de l'énergie négative, tout en vous purifiant et en nettoyant un espace sacré. Pour une purification plus complète, essayez l'une de ces méditations dans les pages suivantes.

Purification des chakras

Instructions : Commencez par respirer profondément. Détendez-vous. Parcourez chaque chakra, un par un, en suivant la liste ci-dessous. Commencez par le 1er chakra en bas et remontez. Pour chaque chakra, imaginez-le devenir lumineux, léger, vif. Inspirez dans chaque chakra et éliminez toute tension, dysharmonie ou immobilité de chaque chakra. Lisez à haute voix les blocs d'énergie correspondants du chakra et libérez les émotions négatives et les fausses croyances associées à chacun. Voyez dans l'œil de votre esprit chaque chakra rayonnant puissamment et illuminant votre corps avec sa couleur correspondante. Sentez l'énergie du chakra couler ou tourner librement.

Chakra racine
Base de la colonne vertébrale / plancher pelvien / organes génitaux - Rouge - Survie. Acceptez le sentiment de peur et sachez que les peurs ne sont pas réelles.

Chakra sacré
Bas du ventre/quelques centimètres sous la marine - Orange - Plaisir. Bloqué par la culpabilité. Pardonnez- vous.

Chakra du plexus solaire
Haut de l'abdomen/haut de la marine - Jaune - Volonté. Bloqué par des déceptions. Acceptez tous les apprentissages.

Chakra du cœur
Dans le cœur - Vert émeraude brillant - Amour - Bloqué par le chagrin. Acceptez et libérez la perte. Toutes choses changent et vont et viennent, mais l'amour reste toujours et est une énergie infinie.

Chakra de la gorge
Gorge - Bleu d'oeuf de Robin - Vérité - Bloquée par les mensonges. Affrontez-vous et laissez vous être parfaitement imparfait, vulnérable, digne.

Chakra du troisième oeil
Milieu du front, au-dessus de vos yeux - Indigo - Lumière - Bloqué par l'illusion de la séparation. Permettez la perspicacité et savez que nous sommes un.

Chakra coronal
Le haut de votre tête - Violet - L'énergie cosmique pure - Bloquée par des attaches terrestres. Lâchez tout ce que vous avez aimé, sachant que rien ne disparaît jamais vraiment.

Guérison des influences négatives (James Gilliland - ECETI)

La guérison est obligatoire pour tous ceux qui désirent opérer dans d'autres domaines de la conscience. Vous devez avoir l'autorité sur vous-même et garder le contrôle. Si vous éprouvez des vibrations négatives, ce sont soit des formes de pensée, limitant les concepts mentaux, des liens psychiques ou des entités désincarnées (âmes perdues) qui ont besoin de guérison. Ils sont liés à la vibration de la terre en raison d'attitudes et d'émotions faiblement vibratoires. Certains désirent manipuler et contrôler. L'amour guérit. Les expulser ne les envoie qu'à un autre endroit, à une autre personne. Dans toute guérison, souvenez-vous que Dieu est l'amour. C'est le pouvoir de l'amour qui guérit et élève. Nous vous donnerons les étapes suivantes pour libérer l'énergie.

1. Fermez votre aura en visualisant une lumière blanche ou dorée autour de vous.
2. Faites appel à votre représentation culturelle choisie de Dieu, que ce soit Jésus, Bouddha, Babaji, Marie, Mahomet.
3. Dites aux entités qu'elles sont guéries et pardonnées, élevées et éclairées.
4. Dites-leur qu'elles sont guéries, entourées de lumière du Christ et de l'amour du Christ.
5. Demandez à votre représentant choisi de les emmener à l'endroit parfait.
6. Demandez que toutes les formes de pensées négatives et les concepts mentaux limitatifs soient dissous et levés à la lumière de la vérité.
7. Demandez que tous les liens psychiques soient rompus et qu'ils ferment leurs auras à tous, sauf à l'esprit de la plus haute vibration.

Répétez ce processus jusqu'à ce que vous vous sentiez bien. Il peut y avoir plus d'une guérison à faire. Rappelez-vous que votre parole est puissante, et ce qui est dit se manifeste instantanément. Beaucoup d'éclairés utilisent ce processus avant l'ouverture. Il crée un environnement clair et sûr, et il élève aussi celui qui fait la guérison. L'intention est aux neuf dixièmes de la loi. Si vous avez l'intention de servir et de guérir, vous attirerez vers vous des entités du même esprit. Si vous avez l'intention de contraindre ou de manipuler, vous dessinerez à nouveau des entités du même esprit. C'est la loi de l'attraction. Parfois, les esprits désincarnés viendront à votre lumière comme un papillon de nuit à une flamme. Ne vous jugez pas, guérissez-les simplement. Ce sont eux qui ont des ennuis. Ils ont besoin de votre aide.

Forme courte de prière de purification - après avoir fait ce qui précède. Appelez d'abord votre guide principal et d'autres êtres divins Christés ou plus élevés.

NOUS ACCUEILLONS TOUTES LES ENTITÉS DANS L'AMOUR ET LA LUMIÈRE

NOUS TE PARLONS DU DIEU SEIGNEUR DE NOTRE ÊTRE

ÉLEVÉ ET ÉCLAIRÉ

GUÉRI ET PARDONNÉ

ÉLEVÉ ET ÉCLAIRÉ

REMPLI ET ENTOURÉ DE LA LUMIÈRE DU CHRIST ET DE L'AMOUR DU CHRIST

ET NOUS DEMANDONS AU BEAU MONDE DE VOUS ESCORTER JUSQU'AU PARADIS

ALLEZ DANS LA PAIX

(Voir le livre de James *Reunion with Source* for Advanced Healing techniques)

Respiration par l'énergie de purification de la Terre
(Little Grandmother Kiesha)

Tenez-vous debout, pieds nus sur la Terre. Vous pouvez aussi le faire à l'intérieur, mais enlevez vos chaussures. Commencez par respirer la couleur verte, la couleur de l'énergie de la Terre, à travers vos pieds; sentez l'énergie de la Terre remplir vos cellules et les nourrir; avec la première inspiration, faites-la remonter jusqu'aux genoux, puis expirez-la vers le bas et expirez-la par vos pieds vers la Terre.

Au deuxième souffle, amenez cette énergie verte jusqu'à la base de votre bassin (premier chakra), et expirez-la dans la terre, en la sentant envelopper vos cuisses, vos genoux et vos chevilles et redescendre par vos pieds. Si vous avez de la difficulté à vous connecter à une partie particulière de votre corps et que vous sentez que l'énergie vous remplit, continuez à respirer jusqu'à cette partie, jusqu'à ce que vous vous sentiez prêt à passer à autre chose.

Au troisième souffle, amenez l'énergie jusqu'à votre bassin inférieur, juste en dessous du nombril (deuxième chakra), et relâchez-la vers le bas dans la terre. Assurez-vous de vous concentrer sur chaque partie particulière de votre corps lorsque vous descendez l'énergie ; ne vous contentez pas de la parcourir, mais visualisez et sentez l'énergie qui descend et remplit vos membres, vos muscles, votre sang, vos os, vos cellules.

Au quatrième souffle, amenez l'énergie au milieu de votre ventre (troisième chakra) et sentez-la circuler dans votre plexus solaire. Beaucoup d'entre nous portent nos émotions refoulées dans cette partie du corps, qui est liée à notre volonté et à notre sentiment d'autonomisation, le sentiment général de qui nous sommes. Laissez l'énergie de guérison de la Terre ouvrir doucement votre ventre et desserrer ces endroits qui sont serrés, qui s'accrochent aux vieilles énergies et aux peurs. Quand vous vous sentez détendu et ouvert, et que vous pouvez sentir la chaleur se répandre ici, alors vous savez que vous pouvez passer à autre chose.

Au cinquième souffle, respirez l'énergie jusqu'à votre poitrine (quatrième chakra) et sentez-la envelopper votre cœur. Sentez-la se dilater dans votre poitrine, vos poumons, vos côtes. La région du cœur porte tant d'émotions, et beaucoup d'entre nous ont de profondes douleurs ici. Laissez doucement la Terre toucher cet endroit. Faites cette respiration autant de fois que nécessaire jusqu'à ce que vous sentiez la chaleur se répandre, une détente s'installer et qu'il y ait une ouverture dans cette zone. Ainsi tout ce que vous avez retenu soit relâché dans la Terre, qu'il se dissolve à travers vos pieds et qu'il retourne dans la Terre. Tout comme une mère n'est pas blessée par le fait d'apaiser et de recevoir les douleurs et les ennuis de ses enfants, la Terre n'est jamais endommagée par votre connexion avec elle comme ceci.

Au sixième souffle, respirez l'énergie jusqu'à votre gorge (cinquième chakra) et sentez-la ouvrir cette zone, qui se connecte à votre voix et dire votre vérité. Puis expirez jusqu'à la Terre.

Au septième souffle, respirez l'énergie jusqu'au milieu de votre front entre vos yeux (sixième chakra-troisième œil) et sentez cette partie de vous, connectée à la vision spirituelle, la perception supérieure et l'intuition, s'ouvrir et être caressée, connectée à la Terre. Expirez de nouveau dans la terre.

Au huitième souffle (le dernier), amenez l'énergie jusqu'au sommet de votre tête (septième chakra coronal) et sentez le sommet de votre tête s'ouvrir à la guidance spirituelle et à la lumière du cosmos. Sentez l'énergie de la Terre caresser et ouvrir cette zone, vous enraciner entre la Terre et le ciel, comme un enfant de la Terre et du cosmos. Remplissez votre visage, votre crâne, votre cerveau, vos glandes, vos cheveux, de cette lumière verte nourricière qui vous relie à toute la vie. Lors de votre expiration finale, expirez l'énergie à travers vos mains, vos bras et vos paumes, et de nouveau dans la Terre. Cela crée un cercle complet d'énergie. Maintenant vous êtes connecté à ce qui vous soutient dans la vie, ce qui est toujours là pour vous. Cette puissante énergie vitale verte peut vous aider à guérir, revitaliser et équilibrer tout votre être.

Connexion à la terre et énergie cosmique (Hollis Polk)

Asseyez vous confortablement dans un endroit où vous êtes bien soutenu, les pieds à plat sur le sol et les mains reposant confortablement et séparément sur vos genoux ou sur les bras du fauteuil.

Maintenant... S'il vous plaît, fermez les yeux et respirez profondément. Inspirez profondément, expirez, détendez- vous... en lâchant consciemment vos muscles et en fondant sur quoi vous êtes assis. Maintenant... prenez une grande respiration... et remarquez que ce que vous êtes assis vous tient, remarquez comment facile et confortable et solide qui... prenez une autre respiration et expirez, remarquez la température de l'air sur votre joue laissez... vous détendre... encore davantage....

Inspirez profondément à nouveau... et à mesure que vous expirez, commencez à vous concentrer sur la base de votre colonne vertébrale... Et avec l'inspiration profonde suivante... et l'expiration profonde suivante... imaginez qu'il y a une petite prise à la base de votre colonne... et juste... doucement... relâchez-le... et maintenant imaginez qu'il y a un flux d'énergie qui descend de votre base...vous pouvez voir cette énergie comme un fil, ou une couleur, coulant vers le bas, ou vous pouvez le sentir comme une texture ou une température, ou vous pouvez même

l'entendre comme un son... coulant doucement, facilement et automatiquement... de la base de votre colonne vertébrale vers le bas à travers tout ce sur quoi vous êtes assis... vers le bas... le sol... et par le sol et l'espace en dessous que, et quels que soient le sol et les espaces qui se trouvent en dessous, ... à travers les fondations du batîment, et dans la terre en dessous... et qu'il continue à couler... vers le bas... à travers la terre, dans le substrat rocheux sous vous... coulant à travers le substratum, à travers l'écorce terrestre, dans le manteau de la terre.... vers le bas... vers le noyau fondu de la terre... et laissez tout ce qui dans votre corps ou toute énergie en vous ou autour de vous qui a besoin d'être guéri ou transformé couler le long de votre fil de terre dans la terre, où la Terre peut guérir et transformer.

Et laissez un peu de cette énergie de guérison et de transformation commencer à remonter un cordon, parallèle à votre cordon... vous pouvez voir cette énergie comme un faisceau de lumière d'une couleur particulière, s'écoulant vers le haut ou vous pouvez la sentir comme une température ou une texture, ou vous pouvez même l'entendre comme un son... ou une harmonie... Et laissez cette belle énergie monter... du centre de la terre, jusqu'au manteau de la terre, en haut de la croûte terrestre et à travers la croûte terrestre, dans le substrat rocheux sous vos pieds, dans la terre, dans la terre, dans les fondations de l'édifice, dans n'importe quel espace au-dessus, à travers le plancher, dans l'attente des chakras ouverts de vos pieds.

Le coussinet de chaque orteil a un petit chakra, comme un vortex, qui s'ouvre comme l'iris d'une caméra. Et il y a un plus grand chakra au centre de chaque pied, qui s'ouvre aussi comme l'iris d'une caméra. Lorsque la merveilleuse énergie de la terre atteint vos pieds, elle s'écoule doucement et facilement à travers les chakras des pieds ouverts, tourbillonnant à travers eux, guérissant et transformant, réchauffant et apaisant, les remplissant de cette merveilleuse énergie, de cette merveilleuse lumière ou chaleur, ou même texture ou son. Et en remplissant vos pieds, il tourbillonne à travers les articulations de la cheville, réchauffant et guérissant, apaisant et transformant.... lâchez prise...

Et cette belle couleur, ou chaleur, ou tonus ou énergie continue à couler vers le haut.... vers le haut... vers le haut dans vos mollets, coulant le long des os, réchauffant et relaxant, apaisant et laissant aller et rayonnant dehors, dehors dans les tendons, les muscles, le fascia, la peau, et même remplir le champ énergétique autour de vos jambes....

Et l'énergie continue de monter, tourbillonnant et guérissant à travers vos genoux, réchauffant, adoucissant, relaxant....

Et l'énergie continue de monter le long des os de vos cuisses, réchauffant et guérissant, adoucissant et relaxant, se relâchant et se relâchant. Il se déplace des os vers les tendons, les muscles, les fascias, la peau, et même remplit le champ d'énergie autour de vos cuisses avec cette merveilleuse lumière ou chaleur ou son ou énergie. Juste la guérison, l'apaisement et la détente...

Et l'énergie continue de tourbillonner et de guérir à mesure qu'elle se déplace de vos cuisses vers le haut dans votre berceau pelvien. L'énergie s'accumule et tourbillonne, guérit et se transforme en relaxant les muscles et tous les organes internes. Vous pouvez voir cela comme une lumière remplissant votre berceau pelvien, ou le sentir comme une énergie ou une chaleur ou une texture, ou même entendre un ton. Et pendant que cette énergie remplit votre berceau pelvien, vous remarquez un petit filet de cette merveilleuse énergie de la terre continuer à descendre votre cordon de mise à la terre, de retour dans le sol, complétant un circuit. Vous savez donc que vous faites partie de l'énergie de la terre...

Et avec cela toujours en cours d'exécution, commencez à concentrer votre attention dans le centre de l'univers... et laissez une merveilleuse lumière colorée... ou peut-être un ton...

ou une chaleur... ou une texture... commencer à couler du centre de l'univers...

Dans la galaxie, la voie lactée... Dans le système solaire... Dans l'atmosphère terrestre... Dans le ciel au-dessus de votre tête... Et dans le toit au-dessus de votre tête...

Et à travers l'espace en dessous, à travers les poutres, les plafonds et même les planchers, s'il y en a, dans l'espace juste au-dessus de votre tête....

Et en bas dans la couronne de votre tête... et de là jusqu'à la base de votre crâne et en bas le long du dos de vos vertèbres... vertèbres par vertèbres... le long de votre cou et en bas le long des vertèbres à l'arrière de votre poitrine, et le long de vos vertèbres lombaires à la base de votre épine.

Et une petite partie de cette énergie coule de la base de votre colonne vertébrale vers le centre de la terre, le long de votre cordon de mise à la terre. Maintenant vous savez que VOUS êtes la connexion de l'énergie terrestre et de l'énergie cosmique, de la Terre Mère et du Ciel Père. Vous pouvez même ressentir une légère traction à la base de votre colonne vertébrale et au sommet de votre tête lorsque vous reconnaissez cette connexion... ou vous pouvez vous sentir automatiquement assis un peu plus droit dans votre fauteuil....

Et plus de cette merveilleuse énergie cosmique se mélange dans votre berceau pelvien... vous pouvez voir votre berceau pelvien rempli des deux couleurs simultanément, ou les voir se mélanger pour faire encore une troisième couleur, ou voir une couleur tirée à travers avec des étincelles de l'autre... cependant vous le voyez bien... vous pouvez sentir un sentiment inhabituel, ou vous pouvez entendre deux tons ou une harmonie... et comme cette merveilleuse couleur ou son ou sensation inonde votre berceau pelvien, il s'étend dans votre champ d'énergie autour de votre torse inférieur et s'étend en s'écoulant par les canaux avant de votre colonne vertébrale, en se levant... vers le haut... vers le haut... doucement et facilement pour remplir votre centre cardiaque... et il s'étend de là pour remplir votre thorax et vos épaules et l'énergie commence à couler vers votre bras, remplir vos bras et circuler et à tournoyer en bas... à travers vos bras, vers le bas, en bas, à travers vos coudes, vers vos avant-bras et à travers eux dans vos poignets... tourbillonnant à travers vos poignets dans vos mains en les remplissant de cette belle lumière ou ton ou sentiment... juste permettre que cela se produise... et l'énergie goutte à travers vos paumes et doigts dans l'espace autour de vous, remplissant l'espace autour de vos mains et vos bras et votre poitrine avec cette belle couleur... ou son... ou sensation... Et l'énergie commence à remonter de vos épaules dans votre tête... remplissant votre tête de cette merveilleuse

sensation... ou son... ou couleur...
jusqu'à ce que l'énergie coule du haut de
votre tête à un endroit de 18 à 24 pouces
au-dessus de votre tête où elle devient
une fontaine... l'énergie coule autour de
votre champ énergétique entier, le
nettoyer, le guérir, le chauffer, le relaxer,
le remplir avec ce merveilleux, lumière
ou son, le nettoyer, l'éliminer....déplacer
en douceur toute chose moins saine pour
vous...

Et profitez de ce sentiment incroyable
d'être la connexion de la terre et du ciel,
en vous et autour de vous...

Et profitez de ce merveilleux flux
d'énergie...

Et quand vous êtes prêt... revenez dans
la pièce... ouvrez les yeux... bougez...
vous pouvez vous pencher et toucher le
sol pour relâcher tout excès d'énergie...

être complètement dans son corps...

conscient...

éveillé...

vivant...

et rafraîchi !

Méditation: Connexion à la Terre en position couchée (Hollis Polk)

Utilisez cette méditation pour les CE-5 quand vous êtes allongé sous les étoiles.

Allongez-vous sur le dos, confortablement soutenu par des oreillers ou tout ce dont vous avez besoin. Vous devriez être confortablement au chaud, mais assez frais pour rester éveillé...

Inspirez profondément... et pendant que vous expirez... permettez vous simplement de sentir le soutien de ce sur quoi vous êtes allongé... prenez une autre inspiration profonde, et pendant que vous expirez... sentez juste ce soutien sur votre dos... et sur le dos de vos jambes... sentez ce soutien sur vos talons et sur vos bras.

Maintenant... prenez une autre grande inspiration... et lorsque vous expirez... sentez la température de l'air sur votre joue... remarquez vraiment... c'est chaud... c'est froid... c'est juste... c'est la même température de l'air sur les deux joues... remarquez cela...

Maintenant... prenez une autre grande inspiration... et au fur et à mesure que vous expirez, remarquez à quel point votre tête est bien soutenue... et à quel point vous vous sentez détendu...

Et quand vous vous détendez, vous pouvez commencer à remarquer à quel point tout ce sur quoi vous êtes allongé est une partie de la terre. Tout ce dont est fait provient, d'une manière ou d'une autre, de la terre, que ce soit des plumes qui viennent des canards qui ont marché sur la terre et qui s'en sont nourris ou que ce soit du bois des arbres qui ont poussé dans la terre ou même du tapis fait de pétrole... ou entièrement autre chose... et ainsi vous êtes couché sur la terre. Et vous pouvez imaginer que vous êtes allongé directement sur la terre... peut-être que vous êtes allongé sur un tas de feuilles ou sur le sol de la forêt ou dans un champ d'herbe ou sur une plage ou un autre endroit naturel merveilleux... vous êtes allongé sur la terre...

Et vous pouvez commencer à laisser vos muscles fondre dans la terre... laisser vos bras fondre... laisser vos jambes fondre... laisser votre cage thoracique fondre... les sentir s'enfoncer dans la terre... et vous pouvez imaginer leur énergie couler à travers la terre sous vous... descendre dans la roche... descendre à travers la pierre... descendant rapidement et facilement dans le manteau de la terre... coulant au cœur du sol liquide.

Imaginez maintenant que ce flux d'énergie est un cordon géant, un cordon de mise à la terre géant, reliant chaque cellule de votre corps au centre même de la terre. Et maintenant, imaginez que la Terre vous envoie son amour, sous forme d'énergie, dans ce cordon. Vous pouvez voir cette énergie comme... un faisceau de lumière d'une couleur particulière, s'écoulant vers le haut... ou vous pouvez la sentir comme une température ou une texture, ou vous pouvez même l'entendre comme un ton... ou une harmonie... Et laisser cette belle énergie monter du centre de la terre, à travers le manteau de la terre, jusqu'à la croûte terrestre, jusqu'à travers la terre, la terre, le substratum, le dessous, dans la terre et vos cellules en attente. Et chacune de vos cellules absorbe l'amour de la Terre et sait qu'elle est connectée à la Terre. Et chaque cellule est renouvelée et rafraîchie par sa connexion à la Terre.

La Terre veut que vous ayez beaucoup d'énergie. Ainsi, lorsque vous revenez à une conscience normale, éveillée, vous commencez à vous déplacer facilement et doucement. Peut-être bougez-vous les doigts et les orteils, et maintenant les mains et les pieds. Et maintenant tes jambes et tes bras et même ta tête et ton torse. Vous vous sentez....

conscient....

éveillé....

vivant....

rafraîchi....

et prêt à partir !

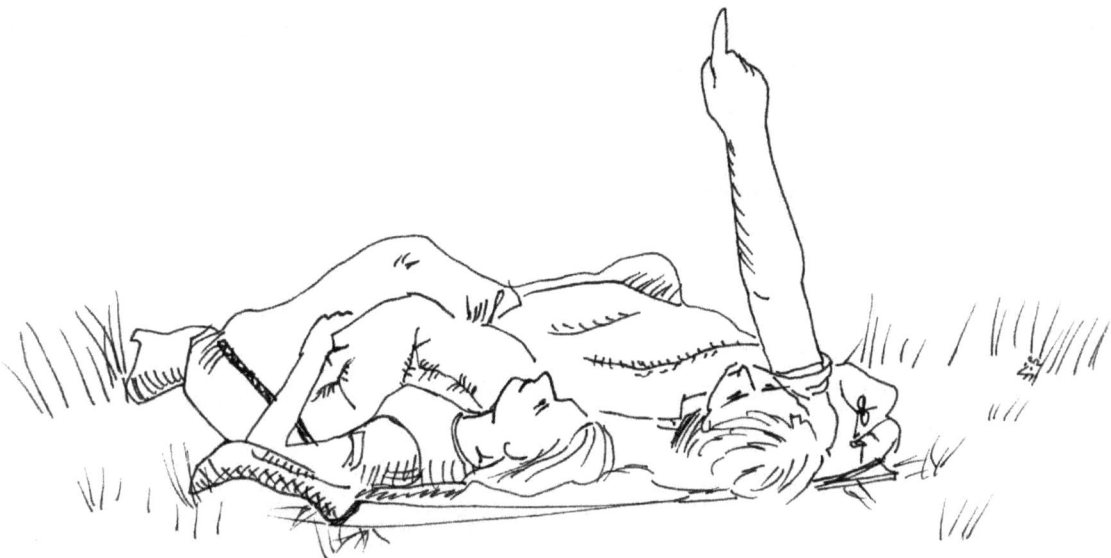

VISUALISATION À DISTANCE

L'observation à distance (ou « Remote Viewing, RV ») est recommandée par l'astronaute Edgar Mitchell comme méthode viable pour communiquer avec les ET. Le Dr Mitchell a créé l'organisation The Foundation for Research Into Extraterrestrial and Extraordinary Encounters (FREE). L'un des membres les plus anciens de notre groupe, Keiko, est notre étudiante permanente en observation à distance. Voici ce qu'elle a à partager :

Le RV (Remote Viewing) est une pratique qui nous aide à développer notre capacité innée à voir et à sentir des lieux, des structures physiques, des personnes, des événements particuliers, sans avoir besoin d'être physiquement là pour les voir ou les sentir. L'observation à distance consiste à voir, entendre, sentir, goûter, ressentir des sensations, des émotions dans le temps et dans l'espace. Il se peut que vous ayez vécu au hasard des phénomènes paranormaux similaires tels que le déjà vu ou les prémonitions. Par contre, le RV se fait consciemment en se concentrant sur un objectif pendant que vous êtes dans un état méditatif.

Comment visualiser à distance
- Asseyez-vous tranquillement et relâchez votre esprit occupé, videz-vous la tête.
- Connectez-vous à un objectif et sachez que vous êtes connecté.
- Décrivez et dessinez l'information que vous recevez par vos cinq sens et plus, comme information brute.
- En d'autres termes, décrivez l'information sans inventer vos propres histoires. (Synchroniser les hémisphères droit et gauche du cerveau.) Vous essayez d'échapper à l'imagination, à la mémoire et/ou à la déduction.
- Organisez et analysez l'information.

Capacités et attitudes que vous pouvez développer en visionnant à distance
En synchronisant les hémisphères droit et gauche du cerveau pendant la pratique du RV, nous pouvons développer nos capacités psychiques. De plus, la détection d'objectifs à distance nous donne l'expérience de l'unité. Réaliser que nous sommes connectés les uns aux autres avec nos pensées/intentions peut nous rendre humbles envers les autres.

Un formateur expérimenté en RV à l'Institut Monroe a dit qu'il n'a jamais rencontré une personne qui ne pouvait rien voir ou sentir à la fin d'un atelier d'une fin de semaine. Nous avons tous la capacité et nous pouvons tous développer cette capacité en pratiquant. La pratique vous donnera la confirmation de votre vraie nature d'être non-local et d'être un avec le champ unifié de la conscience.

Pour commencer à pratiquer la visualisation à distance
Dans ses DVD, le Dr Greer recommande d'aiguiser notre intuition en pratiquant ces exercices :

- Pensez qui est l'appelant? avant de décrocher le téléphone.
- Pensez, qui est le visiteur? avant d'ouvrir la porte
- Détecter un objet que quelqu'un a placé dans une boîte, une photo ou des mots placés dans une enveloppe.

Il existe différentes méthodes et techniques de visualisation à distance. Vous pouvez trouver des livres, des DVD, des ateliers, un site Web, etc. sur le RV. Il existe des applications et des sites Web offrant des objectifs de RV comme http://www.rvtargets.com/. L'inscription et l'utilisation sont gratuites.

Comment utiliser la visualisation à distance pour la CE-5
Lorsque vous êtes sur le terrain pendant la CE-5, commencez par méditer avec un mantra, un son, une visualisation, une méditation guidée, etc. Lorsque vous atteignez un état calme, commencez à vous concentrer sur votre objectif :

- Signalez l'ET à votre emplacement en allant dans l'espace, puis en retournant à votre emplacement avec votre conscience.
- Visitez une planète, une galaxie, une étoile
- Rencontrez différentes civilisations galactiques
- Rencontrez un être venu des Étoiles
- Allez à la Station spatiale internationale
- Allez à une réunion galactique
- Allez à la station spatiale sur les anneaux de Saturne

Comme nous l'avons déjà mentionné, le RV ne consiste pas seulement à capter les images, les sons, les textures et les odeurs d'un lieu. Vous pouvez aussi ressentir les émotions, les sentiments et les pensées qu'offre un endroit. Certains astronautes ont eu les sensations et les pensées suivantes pendant qu'ils flottaient dans l'espace :

- Tout le monde est connecté les uns aux autres
- C'est un endroit familier, comme à la maison.
- Il n'y a pas d'absolu
- On doit prendre soin l'un de l'autre.

Que verrez-vous ou ressentirez-vous lorsque vous regarderez à distance dans l'espace alors que votre corps fait parite intégrante d'un cercle sur le site de contact ?

Liens
Pour en savoir plus sur la visualisation à distance, cliquez sur les liens ci-dessous.

Cours d'observation à distance de Prudence Calabrese (7 vidéos) https://youtu.be/uij1clj9FzY
The Secret History of US Remote Viewing https://youtu.be/kUOu7MJnpO4
Ingo Swan – Human Super Sensitivities and the Future https://youtu.be/rHH5PBS2H_I
Joe McMoneagle, The Stargate Chronicles, MUFON Conv 2/16/06 https://youtu.be/egk7V8XKRWQ
John Vivanco espion psychique – première partie https://youtu.be/ZTEtvMoUjas
John Vivanco espion psychique – deuxième partie https://youtu.be/y0W8MHbZ9N0
John Vivanco espion psychique – troisième partie https://youtu.be/NXvT0OC98Nc
Leçons tirées du programme Stargate avec Edwin May https://youtu.be/L811nO601sg

COMMUNICATION BIO-ÉLECTROMAGNÉTIQUE

Les humains ont le potentiel d'émettre un champ de force très puissant. J'ai eu un moment « accidental » de télékinésie, que témoigne de ce fait pour mon cas. Nous croyons que cette section est à la pointe du CE-5 et de notre propre évolution. Un grand merci à Jeremy de CE-5 Aotearoa en Nouvelle-Zélande, qui a partagé avec nous cette technique de communication avancée.

Ce processus est spécifiquement axé sur la communication énergétique à travers le champ bioélectromagnétique du cœur : le tore. Il est basé sur l'apprentissage expérientiel à partir de plusieurs cas vérifiés de contact et d'interaction de proximité.

Principes:

- La forme géométrique utilisée pour décrire la nature réflexive de la conscience est le tore. Le tore peut être utilisé pour définir le fonctionnement de la conscience elle-même ; par conséquent, la conscience a une géométrie.

- Le tore permet à un tourbillon d'énergie de se former, de se replier sur lui-même et de rentrer en lui-même. Il est 'intérieur-extérieur', s'écoule continuellement en lui-même. Par conséquent, l'énergie toroïdale se renouvelle continuellement et s'influence continuellement.

- Quand le tore est en équilibre et que l'énergie circule, nous sommes dans un état parfait pour être nous- mêmes authentiques. L'authenticité est un élément clé de la connexion avec les êtres célestes.

- Le champ magnétique du cœur est toroïdal et communique dans tout le corps et dans l'environnement extérieur. C'est une modalité de communication énergétique non verbale qui peut être utilisée pour communiquer efficacement entre eux, avec l'environnement et avec d'autres types d'êtres.

- Parce que les champs électromagnétiques toroïdaux sont holographiques, il est probable que la somme totale de notre Univers soit présente dans le spectre de fréquence d'un seul tore. Cela signifie que chacun d'entre nous est connecté à l'Univers tout entier et peut accéder à toutes les informations qu'il contient à tout moment.

Aperçu du processus : Cet aperçu est un processus général qui devrait être formé en méditation guidée et présentée par l'animateur de l'équipe. Ce processus n'est pas figé, il s'agit d'un " travail en cours " qui doit être abordé avec créativité et flexibilité. Des événements de contact importants peuvent survenir au cours de ce processus ; par conséquent, l'adaptabilité est souvent nécessaire. Soyez guidé dans ce qui se passe naturellement et restez présent dans l'énergie cohérente et les principes ci-dessus.

- Concentrez-vous en tant qu'équipe complètement unifiée du CE-5 avec l'intention collective: "paix et union universelle. Des équipes spécifiques peuvent être formées avec ceux qui, naturellement, résonnent avec cette intention.

- Établissez un champ d'énergie toroïdal cohérent au sein de l'équipe CE-5. Si c'est la première fois que vous faites ce processus, complétez d'abord la Méditation de l'Énergie Résonante. Une fois familiarisés avec l'établissement d'un champ d'énergie toroïdal cohérent, faites-le d'une manière convenable à tous, puis poursuivez le processus. Mettez de nouvelles idées à l'épreuve.

- Choisissez consciemment de lier l'intention collective de l'équipe à la structure du champ d'énergie toroïdal. Concentrez-vous sur l'union de tous, être un. Fusionnez votre volonté divine basée sur le cœur dans la forme toroïdale et vivifiez le spectre complet des couleurs, en voyant la forme plus clairement et brillamment dans la conscience, remarquez comment elle vous entoure. Fusionnez-la consciemment avec les autres membres de l'équipe.

- E-motion, l'énergie en mouvement. Dynamisez le champ toroïdal en remplissant votre centre cardiaque d'émotions d'amour, de joie, de paix, de gratitude, etc. Laissez ces sentiments déborder et se fondre dans la structure vibratoire du tore, ressentant une augmentation du débit d'énergie et le voyant s'activer davantage en conséquence. Concentrez-vous sur une énergie cardiaque singulière au point O, centre du cercle, qui est le centre du cœur de l'équipe.

- Reconnaissez que chacun d'entre nous est connecté à l'Univers tout entier et peut accéder à toute information qu'il contient à tout moment, par l'intermédiaire de notre centre cardiaque. Lorsque nous accédons à ce qui est présent dans nos cœurs, nous nous connectons littéralement à l'approvisionnement et à la sagesse illimitée de l'Univers. Cela permet à ce que nous appelons des miracles de se manifester à nous. Embrassez cette connaissance qui existe au sein de notre centre du cœur. Permettez-la de résonner simplement comme Vérité Universelle et de rayonner.

- Maintenez cet espace ouvert pour la communication. Transmettez des informations énergétiques à travers le spectre toroïdal électromagnétique du cœur. Dans un premier temps, concentrez-vous sur une invitation énergétique. Transmettez cette invitation dans l'environnement immédiat et ensuite dans l'environnement lointain en élargissant la forme toroïdale dans la conscience. Étendez-la à l'échelle de la planète, puis à l'échelle locale. Répétez plusieurs fois l'expansion, directement dans l'espace, invitant continuellement tous les êtres qui résonnent avec notre intension. Déplacez-vous sans effort dans la conscience à travers la connectivité toroïdale. Sachez que les informations que vous communiquez par ce biais sont susceptibles d'être reçues par d'autres êtres sensibles. Rayonnez l'énergie de l'invitation et ce que vous croyez être important au groupe sur l'établissement de la communication. Veuillez également réserver de l'espace pour les réponses.

- Faites fluctuer votre concentration à l'intérieur de tous les paramètres du tore, élargissant la conscience toroïdale en la considérant comme infiniment grande et infiniment petite, à la fois à l'intérieur et à l'extérieur. Suivez consciemment les attractions magnétiques centrées sur le cœur à certains endroits, d'abord dans l'environnement local, puis dans d'autres paramètres. Résonnez l'intention de vous connecter avec les êtres qui pourraient être là dans ce lieu spécifique. Permettez-vous de vous épanouir pleinement et de ressentir autant que vous le pouvez. Demandez-leur de vérifier leur présence d'une manière évidente et sans aucun doute vraie pour vous et l'équipe. Si la communication est vérifiée, guidez l'équipe pour concentrer l'énergie centrée sur ce paramètre spécifique et demandez aux êtres d'être aussi présents et interactifs qu'ils peuvent. Gardez l'énergie pour qu'ils puissent se connecter plus loin et jouir de l'amour d'être un ambassadeur de la Terre.

MUSIQUE ET SON

Barbara Marciniak parle de l'importance du son dans sa collection de canalisation :

"Le son est un outil de transformation. Les gardiens de la fréquence, que nous vous encourageons à devenir, apprennent à moduler la fréquence qu'ils détiennent par le son. Le son peut pénétrer n'importe quelle substance, déplacer les molécules et changer les réalités. Vous pouvez commencer à travailler avec le son en lui permettant de jouer avec votre corps. Concentrez-vous, libérez votre esprit et laissez passer les tonalités. Les anciennes écoles des mystères travaillaient avec le son de cette manière, et c'est une technique très puissante lorsqu'elle est faite en groupe. Vous irez très loin avec votre utilisation du son après avoir travaillé avec lui pendant un certain temps. C'est comme un outil puissant qu'on donne à un nourrisson. Sans une prise de conscience adéquate, vous pourriez faire des choses et ne pas réaliser les ramifications de ce que vous faites.

"Pensez à ce que fait le son dans les stades et les auditoriums. Les acclamations ou les huées d'une foule créent une ambiance. Quand des groupes créent du son ensemble, vous créez une ambiance pour vous-mêmes. Vous permettez à certaines énergies de jouer des instruments avec votre corps. Vous abandonnez les idées préconçues et vous permettez à différentes mélodies et énergies d'utiliser vos corps physiques comme des occasions pour se représenter sur la planète. En réalité, ce que vous vivez, est la force vitale des énergies que vous laissez s'exprimer à travers vous. Vous devenez des canaux. Vous permettez à une vibration de venir sur la planète dans toute sa gloire à travers vos corps et votre coopération. Vous naissez quelque chose. Vous créez une opportunité et l'énergie en profite.

"Le son va évoluer. Aujourd'hui, l'être humain peut devenir un instrument en émettant des sons. Certaines combinaisons de sons joués par le corps libèrent des informations et des fréquences d'intelligence. Le silence pendant une longue période après les harmoniques permet aux êtres humains d'utiliser leur corps comme dispositif pour recevoir et absorber les fréquences, et d'utiliser le véhicule de la respiration pour les amener dans un état extatique. Lorsque vous émettez des sons avec les autres, vous avez accès à l'esprit de groupe que vous n'aviez pas avant. Le mot clé c'est "harmonie".

"Ce que vous avez l'intention de faire avec le son est de la plus haute importance. Si vous n'êtes pas clair sur vos intentions, le son peut avoir un moyen de s'envelopper sur lui-même, et de dépasser sa capacité originale. Il se double et se quadruple avec son propre impact. Il est très important pour vous d'avoir une intention claire de ce que vous comptez faire avec le son. Le son stimule l'énergie. Il crée une onde colonne debout, construisant la fréquence. Cette énergie peut alors être dirigée vers quelque chose ou n'importe quoi. Lorsque vous faites du son dans un cercle, ou dans la circonférence de la colonne de lumière, vous créez une colonne qui est capable de beaucoup plus de choses que vous avez jamais réalisé. Il est capable de créer des explosions, de détruire et de créer de nombreuses réalités."

Tiré de *Bringers of The Dawn*
https://www.pleiadians.com/dawn.html

Utilisation du son dans la CE-5

La musique est un outil puissant. Elle nous émeut, nous change et nous élève. Le son peut soutenir notre capacité à nous détendre et à nous tourner vers l'intérieur, tout en facilitant notre connexion à l'univers.

Pendant le CE-5, vous pouvez :

- Jouer des sons ou des chansons pendant les discussions de groupe, les instructions ou la méditation.
- Jouer des sons ou des chansons en tant qu'outil de focalisation de l'attention du groupe.
- Chanter ensemble
- Faire un Puja
- "Bourdonner" à l'unisson
- Faire vibrer vos cordes
- Jouer des Tons
- Jouer du tambour
- Jouer un Didgeridoo
- Utiliser des bols chantants
- Sonner les cloches
- Utiliser un diapason
- Etc.

Faites ce qui vous appelle en vous et complétez votre objectif CE-5 avec le groupe.

Si vous êtes intéressé par le son comme outil de guérison pour vous-même, vous pouvez :

- Aller sur la page de son de Tom Kenyon : http://tomkenyon.com/music-sound-healing

- Écouter Mozart, ou tout ce qui vous remonte le moral. Samoiya Shelley Yates Samoiya Shelley Yates en parle dans son histoire incroyable : https://www.youtube.com/watch?v=KHGyu_AXNWg&t=9s

- Aller à l'Institut Monroe pour obtenir des CD de synchronisation hémi-sync : https://www.monroeinstitute.org/store

- Saisir la méditation Omnec Onec Soul Journey, une belle symphonie qui traverse tous les états de conscience : http://omnec-onec.com/meditation-cdsouljourney/

- Écouter les trois premières minutes de la 7e symphonie de Beethoven. Selon Bashar, cette musique a un profond effet de guérison : https://www.youtube.com/watch?v=RpJeWvFZ_fg&t=1675s

PUJAS

Un puja est une cérémonie originaire de l'Inde qui honore et vénère les divinités hindoues. Il est souvent ritualisé avec des accessoires tels qu'un grand thali (plateau), des bougies, des clochettes, des tasses/ bols et cuillères en laiton ou en argent, de l'eau pure, de la sauge, des bâtonnets d'encens, des fleurs, des fruits, du riz cru, des images, des images ou des figures des maîtres élevés.

Un Puja est chanté en sanskrit. Le sanskrit est considéré comme la racine de toutes les langues indo-européennes. Elle est ancienne : elle peut être le vestige d'une langue parlée au cours du dernier âge d'or et son origine peut être interstellaire. Les mots sanskrits sont considérés comme l'intonation sonore la plus précise qui correspond le mieux à celle que le mot décrit. S'il est utilisé correctement avec des états de conscience élevés, certains croient que l'on peut se manifester en utilisant la langue sanskrite.

Dans le contexte de la CE-5, la puja est sécularisée. Au lieu de cela, la cérémonie ne représente pas une prière à une divinité particulière, mais une prière générale, une adoration ou un hommage au cosmos ou à la lignée collective des Maîtres Ascensionnés (par exemple, Bouddha, Babaji, Krishna, Jésus, Sai Baba, etc.), qui ont aidé et aident toujours au développement spirituel de notre monde. Faire un puja pendant un CE-5 peut être très simple. Posez des cristaux ou d'autres objets sacrés sur une petite table, brûlez une bougie et allumez de l'encens. La sauge est aussi bonne à brûler. Chantez "Om" plusieurs fois, puis chantez le Puja pendant un petit moment. Laissez la bougie et l'encens brûler jusqu'à ce que le CE-5 soit prêt.

Pujas à inclure dans une CE-5 :

Isha Yoga Gouru Pooja
Gourou du Yoga, le Dr Greer chante un très long puja impliqué. Cela prendrait beaucoup de temps pour mémoriser, donc la chose la plus facile à faire est de le trouver sur YouTube et de le convertir en mp3 avec un convertisseur YouTube en mp3 (comme https://ytmp3.com/). Cherchez : "Joshua Tree 2015 - Puja with Dr. Steven Greer" https://www.youtube.com/watch?v=iN2dpW2mjn0

Im Nah Mah
Ce mantra se traduit en "proche de Dieu" ou "avec l'être supérieur". La mélodie est : Do-Si-Si-Si (ou tout autre cinquième intervalle). Une fois que vous chantez la mélodie plusieurs fois, demandez à chacun de continuer le chant à l'intérieur pendant toute la durée de la méditation.

Pour entendre, vous pouvez le trouver sur YouTube si vous cherchez "Cosmic Consciousness Meditation Part 1 of 5" (https://www.youtube.com/watch?v=vo72V0S2me8)

Mantra Gayatri

Ce mantra adore la déesse Gayatri, qui n'est pas considérée comme une divinité ou un demi-dieu, mais comme la personnalité suprême unique. Un puja charmant et joyeux qui célèbre notre mouvement vers le féminin alors que l'énergie de la déesse Gayatru gonfle et prend de l'ampleur pendant cette période de transformation. Cherchez "Gayatri Mantra" sur YouTube pour entendre la mélodie. Il existe plusieurs versions ; choisissez votre mélodie préférée.

> Om bhoor bhuvah svah
> Tat savitur varenyam
> Bhargo devasya dhimahi
> Dhiyo yo nah prachodayat

Traduction:
(Oh) Suprême ; (qui est) le monde physique, astral (et) causal (elle-même)
(vous êtes) la source de tous, méritant toute adoration.
(O) Rayonnant, divin ; (nous) méditons (pour vous)
Propulsez notre intellect (vers la libération ou la liberté)

Mantra Moola

Ce mantra évoque le Dieu vivant, demandant protection et libération de toute douleur et souffrance. Cherchez "Moola Mantra" sur YouTube pour écouter des versions de la chanson.

> Om
> Sat Chit Ananda Parabrahma
> Purushothama Paramatma
> Sri Bhagavathi Sametha
> Sri Bhagavathe Namaha

Traduction:

Om : Nous faisons appel à la plus grande énergie, de toutes celles qui existent.
Sat : L'informe sans forme
Chit : Conscience de l'univers
Ananda : Amour pur, béatitude et joie
Parabrahma : Le créateur suprême
Purushothama : Qui s'est incarné sous forme humaine pour aider à guider l'humanité
Paramatma : Qui vient à moi dans mon cœur, et devient ma voix intérieure
Sri Bhagavati : La Mère divine, le pouvoir de la création Sametha : Ensemble avec Sri Bhagavate : Le Père de la création, qui est immuable et permanent
Namaha : Je vous remercie et reconnais cette présence dans ma vie

Le vaisseau Pushpak par Balasaheb Pandit Pant Pratinidhi, 1916

HARMONIQUES ET FREDONNEMENTS

Keiko est aussi notre travailleuse de son expérimentée. Voici ce qu'elle a à dire sur le sujet :

Notre voix peut être un outil qui favorise la guérison et la transformation à tous les niveaux de notre existence. L'émission d'harmoniques est un outil pour l'amélioration émotionnelle. Il peut être à la fois relaxant et revigorant. Le fredonnement peut être calmant et peut vous amener à un état méditatif profond.

Lorsque nous fredonnons, on stimule notre cerveau, et la vibration traverse tout l'intérieur du corps avant même que nous ne l'entendions. Lorsque nous l'entendons, il stimule davantage le cerveau et fait vibrer tout le corps extérieur. Tout cela nous fait bouger au niveau moléculaire pour nous ramener à un état naturel et équilibré.

Le son est porteur d'information. Quand vous avez un souhait, vous pouvez l'utiliser avec intention. C'est un moyen puissant pour se manifester, facile, efficace. La transformation se produira quand vous reconnaîtrez son pouvoir en vous. Comme quand vous pratiquez avec plus de cent personnes, même si vous ne pouvez pas discerner votre voix, vous savez que vous êtes une partie d'une grande harmonie.

Tonifier ou fredonner en groupe augmente la cohérence, amplifie l'énergie et intensifie les intentions. Quand on tonifie ou fredonne avec des pensées d'amour et d'appréciation, on peut créer un puissant champ vibratoire d'amour, et ainsi apporter de la lumière à la planète.

La tonalité et le fredonement sont aussi des moyens de communiquer dans des dimensions vibratoires plus élevées. Dans notre propre dimension, nous pouvons utiliser la tonification et le fredonnement pour communiquer avec nos bébés, nos animaux, nos plantes et bien sûr, les êtres des étoiles.

Comment tonifier: Les voyelles sont utilisées pour tonifier, telles que AH (comme dans "ma"), III (comme dans "iris"), OUU (comme dans "vous"), O (comme dans "go"), etc. Souvent le son AH est utilisé pour tonifier parce qu'il est associé à nos chakras cardiaques et à une énergie puissante. Il est également dit dans les enseignements bouddhistes que AH est le son originel de la création et qu'en chantant AH, nous pouvons être un avec une énergie universelle. OM, qui est le son primordial bien connu de la création (dans la tradition hindoue), sonne AUM (AH-OUUU-M).

1. Détendez-vous.

2. Définissez votre intention.

3. Chantez une voyelle en un seul souffle. Répétez. Tonalisez à n'importe quelle hauteur, intensité ou qualité que vous voulez et avec laquelle vous résonnez. Mais, écoutez les autres pour être harmonieux. Si vos cordes vocales sont stressées, fredonnez pour atténuer le stress.

4. Après un minimum de 5 à 10 minutes de tonification, restez silencieux pour maximiser l'effet.

Comment fredonner : Le fredonnement est le moyen le plus simple de produire le son auto-créer le plus efficace.Le fredonnement est le son de la création toujours en nous. Nous sommes donc toujours en train de fredonner, conscients ou non.

1. Détendez-vous. Définissez votre intention.

2. Fermez les lèvres et gardez vos dents supérieures et inférieures légèrement écartées.

3. Projetez le son dans votre bouche, cavité nasale, cavité crânienne et cage thoracique.

4. Après un minimum de 5 minutes, restez silencieux pour maximiser l'effet.

AUTRES ELEMENTS SONORES

Do#

L'orbite de la terre autour du soleil crée un bourdonnement si bas que l'homme ne l'entend pas. Selon Bashar, un ET qui se canalise à travers Darryl Anka, la fréquence de ce ton est approximativement la même que la note do# (aigu) sur notre gamme musicale. Bien que le chemin musical de la terre autour du soleil soit 33 octaves plus bas que le Do moyen sur nos pianos, vous pouvez toujours bénéficier de cette fréquence dans la gamme que nous pouvons entendre. Bashar dit que si vous vous immergez dans ce ton, vous trouverez la clarté et les choses deviendront faciles. Vous allez littéralement commencer à "Voir Mieux." La terre vous soutiendra comme elle soutient tout dans la nature. Vous pouvez jouer ce ton en arrière-plan pendant que vous méditez sur un CE-5. Plusieurs versions existent sur YouTube :

- Do# solo: https://www.youtube.com/watch?v=6Q3KsrB1KM4
- Do# avec des harmoniques mélodiques et des rythmes binauraux : https://www.youtube.com/ watch?v=SBMXxm9X3P4&t=1254s

Anael et Bradfield

Anael et Bradfield sont des musiciens qui ont collaboré sur le projet Fire the Grid que Samoiya Shelley Yates a dirigé. (Son histoire fait appel à des êtres de la ET - cherchez "Shelley Yates Vancouver Speech" sur YouTube pour entendre son histoire.) Sky Sent et Be Still Thy Soul sont deux belles chansons qui ont pour thème la divulgation de l'ET et le changement qui se produit actuellement. Je connais un groupe de CE-5 qui dit que les ET semblent vraiment aimer la chanson Sky Sent quand elle joue. Écoutez les paroles et vous comprendrez pourquoi ! Disponible sur iTunes ou sur https://anael.net/.

Chansons amusantes liées aux OVNIS ou à l'ET :

Créez une playlist pour le voyage en voiture qui vous mènera à cet endroit éloigné spécial :

- Anael and Bradfield - *Sky Sent*
- Babes in Toyland - *Calling Occupants of Interplanetary Craft* (Cover)
- Billy Bragg - *My Flying Saucer*
- Billy Thorpe - *Children of the Sun*
- Blue Rodeo - *Cynthia*
- The Carpenters - *Calling Occupants of Interplanetary Craft* (Cover)
- Credence Clearwater Revival - *It Came Out of the Sky*
- David Bowie - *Starman*
- Elton John - *I've Seen The Saucers*
- Five Man Electrical Band - *I'm A Stranger Here*
- Husker Du - *Books About UFOs*
- Jefferson Airplane - *Have You Seen The Saucers?*
- Kesha - *Spaceship* (Kesha saw several UFOs in Joshua Tree in 2017)
- Klaatu - *Calling Occupants of Interplanetary Craft* (Inspired by World Contact Day)
- Spiritualized - *Ladies & Gentlemen, We are Floating In Space*
- Yes - *Arriving UFO*

EXEMPLES DE PROTOCOLES CE-5

Modélisez vos premiers CE-5 selon l'un des objectifs suivants, jusqu'à ce que vous développiez votre style unique :

Nos CE-5 typiques
- Pour vous préparer, méditez trois fois au cours de la semaine précédant le travail sur le terrain.
- Le jour du contact, asseyez-vous en cercle et fixez l'intention du groupe.
- Chantez le mot "Om" trois fois ensemble en guise d'ouverture.
- Faites une méditation les yeux fermés pour vous connecter à la conscience d'un seul esprit.
- Orientez tout le monde vers les constellations, les planètes, l'étoile du nord, etc.
- Faites une autre méditation, les yeux ouverts, en regardant le ciel
- Observez le ciel et échangez des histoires, riez, mangez, faites-vous plaisir
- Pour terminer, remerciez toutes les personnes présentes … et les ET

La CE-5 pour les scientifiques
- Asseyez-vous en cercle et fixez des intentions pour la nuit.
- Faites une orientation du ciel
- Revoyez les éléments essentiels pour le contact : une seule connexion mentale, un cœur sincère, une intention claire.
- Jouer une méditation du Dr Greer sur la séquence de la pensée cohérente.
- Laissez un expert en astronomie enseigner les constellations, les étoiles, les planètes, etc.
- Observez le ciel et apprenez à discerner ce qu'est ou n'est pas un OVNI vérifié.
- Examiner les rencontres les plus légitimes d'OVNI, les documents officiels publiés, etc.
- Discutez sur l'interaction entre la spiritualité, la science, les émotions, la logique, le cœur, l'esprit.
- Regarder le ciel silencieux et déconnectez vous de la pensée... concentrez-vous sur l'unité, ou l'amour.
- Terminez en vous remerciant mutuellement pour votre participation à cette expérience.

CE-5 pour les personnes spirituelles
- Asseyez-vous en cercle, tenez-vous la main et faites une prière d'ouverture.
- Fixez une intention pour la nuit
- Faites une méditation de purification
- Demandez à quelqu'un d'animer une méditation de l'unicité
- Ayez un peu de temps pour observer le ciel en silence
- Chantez un Puja ensemble, ou faites-le chanter par une seule personne.
- Faites une méditation pour recevoir les messages canalisés envoyés au groupe
- Jouez des bols chantants ou du didgeridoo
- Plus d'observation du ciel
- Fermeture : Tenez-vous la main, bénissez et remerciez Terre, Ciel, les uns les autres, Source et ET.

La CE-5 de Matt Maribona
- Allez dehors
- Pensez à toutes les fois dans votre vie où vous avez ressenti de l'amour, par exemple lorsque vous êtes tombé amoureux, tenu un bébé, été témoin du décès de quelqu'un proche, avez mangé une glace un jour d'été, avez un chiot qui vous lèche le visage, observer un coucher de soleil, souri à un étranger, danser sur une grande musique, senti l'harmonie de la nature, etc.
- Levez les yeux, sachant qu'un ET est là dehors, et dites "Salut".

La K.I.S.S. CE-5 de Josh
* Écoutez une méditation du Dr Greer
* Jouez Pink Floyd et regardez le ciel

CE-5 d'après un modèle d'une expédition de formation du CSETI avec le Dr Greer
* Avant de commencer, jouez des sons d'agroglyphes sur les haut-parleurs.
* Utilisez un talkie-walkie ou un émetteur radio pour diffuser les sons dans l'espace.
* Effectuez cette opération lors de la mise en place et pendant les pauses.
* Discussion générale, période de questions et réponses.
* Faites une orientation du ciel. Utilisez des pointeurs laser pour signaler à ET votre emplacement
* La cérémonie de la puja commence quand il y a une sorte de signal comme une lumière anormale.
* Debout pour la cérémonie. Sinon, quelques mots de gratitude que nous nous sommes trouvés et que nous sommes prêts à se rencontrer dans le but d'apporter la paix cosmique à notre planète.
* Menez une méditation, puis restez assis en silence pendant 30 à 45 minutes. Assignez une personne comme observateur du ciel pendant que le groupe ferme les yeux pendant cette méditation.
* Faites le compte rendu de la méditation et de la discussion pendant environ une heure tout en observant les événements de la ET.
* Prenez une pause pour manger, les conversations sociales et autres pauses.
* Méditez encore, suivie d'un compte rendu et d'une discussion. Fermez le cercle en vous tenant la main et en générant un sentiment de gratitude.
* Pique-nique après le travail sur le terrain avec le vin, le fromage et le pain.

La CE-5 de Lyssa Royal Holt
* Faites une cérémonie d'ouverture, y compris la sauge, accueillant les esprits et les guides de la terre.
* Demandez la permission d'être présent sur la Terre en utilisant un mantra comme le mantra Gayatri.
* Lyssa fait une canalisation sur le thème de l'apprentissage du jour - si vous n'avez pas de canalisateur, choisissez un thème pour le développement et parlez-en. Pendant les événements de Lyssa, les êtres continuent à guider le groupe à travers d'une méditation de contact.
* Si des phénomènes étranges tels que des anomalies météorologiques se produisent, travaillez avec cela pour voir ce qui se passe au-delà de la perception humaine qui se perd dans l'environnement.
* Travaillez avec une photo d'ET pour vous connecter avec l'énergie de l'être. L'ordre du jour est fluide et dépend des circonstances, des conditions, du groupe et des messages.

CE-5 Aotearoa - CE-5 pour les nouveaux arrivants
* Planifiez une réunion informelle pour discuter du CE-5 avant la visite sur le terrain.
* Si vous choisissez un nouvel emplacement, demandez aux ET de confirmer par un signe évident.
* Invitez toute personne qui souhaite en savoir plus sur le CE-5, en accord avec les besoins de l'équipe.
* Pratiquez l'enchaînement des pensées (à l'aide de l'application du CSETI) avant l'événement.
* Lors de l'événement : Accueil par l'animateur, présentations, orientation site/ciel, à quoi s'attendre...
* Système de groupe : grouper des débutants avec des personnes expérimentées si possible.
* Les individus partagent leur intention d'être présents à l'événement.
* Commencez par une cérémonie appelant tout le monde à se joindre à nous pour nous aider dans notre transition vers la paix. Exprimez votre gratitude et remerciez-les uns les autres.
* Remplissez votre cœur d'amour en reconnaissant tout, l'un et l'autre, famille, partenaire, animaux domestiques, la Terre, être capable de faire de la CE-5, etc.
* Faite une méditation CTS d'ouverture, puis une méditation silencieuse (fin page suivante)

- Partage de groupe, puis une courte pause et une promenade sur le site pour ceux qui le souhaitent, des personnes expérimentées peuvent aider les débutants.
- Méditations et discussions/partages pour le reste de la soirée, en accord avec ce qui se passe naturellement. Terminez par une cérémonie de remerciement, de prières, de la musique, etc.

CE-5 Aotearoa – CE-5 pour les groupes plus expérimentées
- Planifiez un événement pour 3 ou 4 nuits. Plus de temps permet des expériences plus profondes.
- Faites des méditations quotidiennes CTS pour ce site au moins deux semaines avant.
- Ayez l'intention de vous connecter davantage avec des êtres avec lesquels un contact a été déjà établi.
- Communiquez clairement dans la CTS que vous vouliez que la relation soit mutuellement bénéfique.
- Apprenez à vous connaître et créez des liens pour former une équipe. Plus nous sommes proches, plus ils sont proches. Imaginez les visages des uns et des autres (y compris ceux des non-humains) en faisant du CTS et concentrez-vous sur le travail en tant que groupe uni.
- Envoyez des courriels aux personnes qui assistent à l'événement et encouragez la communication.
- Notez tous les rêves, expériences hors du corps (OBE), RV, séquences numériques ou autres expériences qui pourraient être liées à l'événement. Partagez les au sein du groupe.
- Mangez des aliments légers (de préférence végétariens) une semaine avant et pendant l'événement.
- Commencez par une prière d'ouverture/chants vibratoires, puis partagez en groupe.
- Faites une méditation d'énergie résonnante pour aligner les centres d'énergie de chacun.
- Ancrez ceci à la Terre, puis étendez à l'extérieur et à l'intérieur de tous les paramètres.
- Tenez l'espace énergétique d'amour, de joie, de gratitude et de paix à l'intérieur du centre d'équipe.
- Maintenez l'intention des êtres de " fusionner " avec l'équipe.
- Passez par le processus de communication bio-électromagnétique, et méditez en silence, puis parlez de ce que vous voyez. Exprimez ce que vous voyez lorsque l'équipe est dans un état de RV partagé et peut donc accéder à des parties de la même information. Demander une confirmation par le biais de la technologie présente (compteurs EMF, etc.) et/ou par une expérience collective partagée (images, sentiments, sensations inhabituelles, attrait pour certaines zones du site, etc.)
- S'il y a des réponses de l'appareil de mesure à une séance de questions/réponses sur la progression de l'information : précisez avec qui vous êtes en contact : "Pouvez-vous confirmer que nous sommes en contact avec un être ET", etc. en demandant aux types d'être à confirmer (ET, Céleste, Esprit, etc.). Si vous utilisez un lecteur, posez des questions avec une réponse "Oui" ou "Non" ; "Non" peut souvent être le silence, mais assurez- vous de clarifier ce qu'est "Oui". S'il y a des images ou des sentiments partagés, restez concentré sur eux et développez-les, en demandant énergiquement plus d'information. Demandez aux êtres présents de se joindre à l'équipe.
- Mettez l'accent sur les flux d'énergie et les " téléchargements " d'informations.
- Si un blocage énergétique se produit (généralement mesuré à l'aide d'un compteur EMF), l'équipe peut se tenir la main et poser les pieds sur le sol pour que l'énergie soit distribuée et ancrée. Répartir librement l'énergie entre les équipes CE-5 dans le monde entier, simplement en ayant l'intention de le faire. Gardez l'intensité de ces « téléchargements » en maintenant le sentiment de joie et en l'ancrant à la Terre. Souriez. Permettez à l'information de se faire connaître.
- Méditations et discussions/partages pour le reste de la soirée, en accord avec ce qui se passe naturellement. Encouragez l'équipe à partager librement tout ce qu'elle a vue.
- Terminez par une cérémonie de remerciement pour tous ceux qui y ont assisté.

Instructions de Robert Bingham sur la façon d'invoquer les ovnis
- Commencez par un cœur ouvert et un esprit ouvert. Ayez une bonne intention. Concentrez-vous sur
- un point dans le ciel. Par télépathie, dites : "S'il te plaît, viens. Merci." Observez le ciel.

Activités de CE-5 au cours d'une retraite de Kosta ETLet'sTalk :
- Faites une méditation d'ouverture en connectant le groupe les uns aux autres, à la communauté mondiale CE-5 et à l'unite universelle.
- Faites une méditation de purification d'énergie pour que les énergies positives composent le groupe.
- Orientez et enseignez les constellations, les étoiles et les planètes dans le ciel nocturne.
- Enseignez l'identification appropriée des ET par rapport aux phénomènes naturels ou humains.
- Enseignez le protocole pour les observations du ciel, l'utilisation de dispositifs de pointeurs.
- Surveillez le ciel et méditez. (Pour les observations du ciel, alterner entre une observation silencieuse et une observation ou la conversation est permise.)
- Partagez des histoires de contact avec les ET à des moments appropriés au long de la nuit.
- Pause toilette, goûter, socialisation.
- Faites plus de méditation en alternance avec l'observation du ciel.
- Terminez en vous tenant la main et en remerciant toutes les personnes présentes, y compris les ET.

Le contact ET de James Gilliland
James n'a pas d'objectif particulier. L'observation du ciel qui a lieu au ranch ECETI est détendue et amusante. Comme le dit James, "C'est la terre. Ils sont juste là." Selon James pour augmenter le nombre d'observations : "reprend-toi" Cela signifie travailler à la guérison de votre honte, vos blessures, vos critiques, votre égoïsme, votre attachement, votre avidité, votre ego, etc. Au ranch, le thème principal est la joie. Cultivez vos "Moments de satisfaction", accueillez le rire et l'amour, et regardez le ciel.

Protocole avancé de « Alien Protocol »
Réservez une ou deux semaines de temps de préparation où vous :
- Ne mangez pas de viande ou d'œufs.
- Ne prenez pas de drogues ou d'alcool (les médicaments et le vin de cérémonie sont acceptables).
- Vous asseyez pour deux méditations de trente minutes par jour, en vous connectant à l'unicité et à l'univers, en comprenant votre pleine nature, en montrant votre position exacte et en visualisant une demande spécifique de la rencontre que vous souhaitez avoir.
- Prenez deux douches pendant cinq jours pour éliminer la mauvaise énergie, augmenter les vibrations.
- Affrontez vos peurs trois fois en méditant dans un endroit sombre ou sinistre... mais avec amour.
- Augmentez les ondes cérébrales thêta avec du chocolat, du thé d'armoise, des jeux de stratégie et de mots, ainsi qu'écoutant des rythmes binauraux.
Le travail sur le terrain se fait sur une période d'au moins deux jours, dans un endroit sûr et privé.
- Nettoyez l'endroit avec de la sauge ou du tabac sacré.
- En groupe, méditez trois fois au cours de la journée et incluez le Tai Chi/Salutations solaires, et la tonification/fredonnement.
- Le soir, faites une méditation, des exercices vocaux, jouez des sons harmoniques pour connecter.
- Incluez un stylo et du papier pour que les gens puissent écrire des demandes, des affirmations, des prières, des sentiments, des impressions d'observation à distance.
- Il y a d'autres protocoles... le Groupe de Alien Protocols dit : "...si vous êtes arrivé jusqu'ici, vous allez et ils vont trouver le reste... ;) !"

Les conseils de Sixto Paz Wells
Bien que nous ne sachions pas comment se déroule généralement un événement de contact Rahma, nous avons des instructions de Sixto décrivant ce qu'il croit être l'une des capacités les plus importantes à développer en contactant les ET. Voir "Canaliser en tant que groupe" dans la section Méditations.

RÉSOLUTION DES PROBLÈMES

Mal à l'aise:

Si vous êtes déprimé, anxieux, rancunier, cynique, sceptique de façon hostile (un scepticisme modéré est une bonne chose !), en colère, méchant, pessimiste, etc.... oui, vous aurez encore des observations régulières... un jour ! Pour l'instant, vous avez du travail à faire :

- Trouvez un bon thérapeute ou médium, ou trouvez des livres, des vidéos ou d'autres ressources.
- Acceptez que vous êtes responsable de votre vie et que vous créez votre propre réalité et votre avenir, même si vous avez reçu une main merdique. Oui, la vie peut parfois être nulle, vous pourriez blâmer tout le monde, et vous pouvez être justifié, mais où cela va-t-il vous mener ? Mobilisez-vous et passez à la vitesse supérieure. Faites la paix avec vous-même et où vous êtes.

Les peurs:

Notre plus grande crainte collective au sujet des contacts avec les ET n'est peut-être pas liée aux enlèvements ou à la représentation d'attaques ET par Hollywood. C'est peut-être la peur subconsciente de perdre notre ego alors que nous accélérons notre vibration suffisamment pour communiquer avec l'ET (voir : le livre de Lyssa Royal Holt Prepare for Contact). Si vous donnez foi aux sources canalisées, vous pouvez dormir tranquille, car de nombreuses sources majeures affirment que vous ne perdrez pas votre individualité au fur et à mesure de votre ascension, même lorsque vous vous réunifierez finalement avec Source. (Seth, Billy Fingers, The Hathors). Peu importe ce que vous pensez, vos peurs, plus vous faites de CE-5 et plus vous vous détendez et vous vous concentrez sur ce que vous voulez, et non sur vos peurs, ces peurs diminueront avec le temps et vous aurez les expériences que vous voulez.

Et maintenant une discussion très commune à propos d'une CE-5 :

"*Existe-t-il des ET négatifs ?* Il y a un certain débat à ce sujet dans le monde de CE-5. Ce document n'a pas pour but de vous donner des réponses, mais de vous mettre dans la direction de votre propre exploration et discernement. Certains pensent que tout ET ayant la capacité et la technologie de traverser le temps et l'espace est aussi spirituellement avancée par nature. Certains pensent que les races "au service de soi" sont ou ont été ici et ont causé des problèmes.

Surmonter les différences d'opinion est une étape importante dans votre processus d'évolution. Lorsque vous décidez de ce que vous croyez, veillez à ne pas marcher sur les convictions des autres. Les gens arrivent à leurs propres conclusions pour des raisons justifiées. Chaque personne est unique, avec ses propres personnalités, histoires, déclencheurs, peurs, désirs, systèmes de croyances antérieurs et réalités. Oui, oui, vous avez probablement raison. Et si vous avez raison, et que vous voulez afficher ce badge d'intégrité spirituelle à côté de votre bouton "J'AI RAISON", vous devez vous détendre et permettre aux autres de fonctionner à partir de leur propre réalité. (Attendez une seconde, était-ce un piège de l'ego spirituel ?) La réalité ultime n'a pas grand chose à voir avec des faits solides et immuables. Chaque personne est son propre univers, et l'essence de sa vie réside plus dans sa perspective et son attitude que dans ses paroles ou ses créations matérielles. Pour résumer simplement : si vous pensez que quelqu'un d'autre a "tort d'avoir tort", vous avez... tort. Merde !

Que vous pensiez ou non qu'il existe des ET négatifs, nous pouvons vous assurer que la CE-5 est un endroit sûr pour vous. **Nous n'avons pas entendu parler d'une seule expérience négative avec un ET lors d'une EC-5.** "Nous" sommes des dizaines de personnes qui ont contribué à ce guide, avec des décennies d'expérience avec un réseau de milliers. Si c'était arrivé, nous en aurions entendu parler. Les gens du CE-5 adorent parler. (Il y a eu des histoires racontées par des gens de la CE-5 ayant eu des expériences négatives avec... d'autres personnes). Pour en revenir au sujet, nous croyons que c'est l'espace du cœur aimant qui doit être cultivé pour entrer dans ce travail qui exclut les ET négatifs... s'ils existent.

"D'accord, alors, soyons clairs. Y a-t-il une chance que je sois enlevée ?"

Pas si vous utilisez un protocole CE-5. En dehors de la CE-5, vous avez moins de soucis à vous faire aujourd'hui qu'au cours des années précédentes. Les enlèvements ont diminué.

Faisons un petit détour et regardons ce que pourraient être un enlèvement. Certains croient que les ET participant à des enlèvements sont des scientifiques bienveillants, qui travaillaient avec notre ADN pour protéger notre lignée sans but de nous effrayer. Ils pensent que ceux qui ont vécu un enlèvement et qui ont pu conserver des souvenirs se souviennent de l'événement comme un enfant se souviendrait d'avoir subi une intervention médicale contre sa volonté mais bénéfique à long terme. D'autres croient que les enlèvements étaient un projet sans compassion, où l'ADN humain a été prélevé pour l'hybridation d'une espèce exotique... Peu importe le camp dans lequel vous vous trouvez, la plupart des gens pensent maintenant que tous les enlèvements qui ont lieu de nos jours sont du théâtre complexe militaro-industriel, destiné à effrayer le public et à dénigrer les ET. Mais, même dans ce cas, quand avez-vous entendu parler pour la dernière fois d'un enlèvement ? Peut-être que le budget de l'armée pour nous faire flipper diminue. Quoi qu'il en soit, l'âge d'or des enlèvements est terminé.

"Donc je n'ai pas à m'inquiéter ? Je suis toujours inquiet. Convaincs-moi."

Eh bien, peut-être que tu devrais être un peu prudent à propos des entités négatives.

"Vous venez de dire "entités négatives" ? WTF !?"

Ne vous inquiétez pas. Si cette forme de vie existe, une entité négative pourrait inclure : fantômes, esprits, inter-dimensionnels, formes de pensées négatives, une mauvaise vibration, etc. Cela peut sembler effrayant, mais si vous êtes une bonne personne et que vous vous sentez généralement bien la plupart du temps, vous êtes couvert. J'ai exploré ce sujet avec un canalisateur de confiance. Ses guides ont dit que de nos jours, les entités négatives sont pour la plupart relativement inoffensives, parce que l'humanité a progressé sur l'échelle vibratoire. Autrefois, les possessions "démoniaques" et les effets perturbateurs des entités négatives étaient plus fréquents. Les entités négatives sont attirées vers nous parce que nous sommes une force physique qui peut les équilibrer et les aider à sortir de leur inertie. Ils sont parasites, et puisent notre énergie. Elle a dit qu'ils sont nombreux, et de se rappeler que notre environnement regorge aussi d'entités positives. Si vous vibrez fort, vous ne remarquerez même pas ces nuisances. Si vous aimeriez vous débarrasser de quelques entités attachées, la sauge ou le foin d'odeur est tout à fait efficace en raison de la densité de la fumée et de ses propriétés neutralisantes. Ou, faites une purification comme celle que James Gilliland a fournie dans la section méditation. Assurez-vous de comprendre la différence entre la sémantique de la protection et celle de la guérison/dégradation. L'un d'eux vous positionne comme une victime. L'autre vous positionne comme un vainqueur. Les entités négatives ne sont aussi puissantes que vous les laissez faire. Comment savez-vous si vous avez pu attirer un de ces irritants frivoles ? Vous pouvez le dire à la façon dont vous vous sentez et à votre comportement. Même si vous ne croyez pas aux entités négatives, si vous êtes un crétin et que vous vous sentez comme de la merde, ou si vous vous sentez vraiment triste, effrayé ou fatigué, vous devriez peut-être faire quelque chose à ce sujet !

"Je suis bloqué sur le truc de l'entité négative"
Pas de problème, nous avons beaucoup de membres de notre groupe qui croient qu'il existe des ET négatifs, c'est pourquoi nous avons étudié ce sujet en profondeur. Regardez ces théories :

- Certaines histoires d'origine et de canalisation suggèrent que le processus de divulgation est l'une des façons dont les planètes évoluent. Vous pouvez faire partie d'une équipe spirituelle qui va de planète sombre en planète sombre, élevant ceux qui vivent sous la tyrannie en les aidant à entrer en contact avec d'autres civilisations de l'espace. La CE-5 et la divulgation peuvent être un processus sacré d'élévation planétaire qui bénéficie d'un soutien universel et qui ne peut être manipulé par des êtres malveillants.
- En accord avec la théorie du "CE-5 est sacré", il est très probable qu'une fédération galactique composée de représentants de civilisations très avancées coopère pour restreindre les races ET avec un objectif hostile quand ils violent la Loi Universelle. Nous avons tous le droit à la liberté, y compris à la participation à la vie en tant qu'auteurs et victimes. Cependant, beaucoup pensent que la corruption de la Terre est allée trop loin. Elle a besoin d'aide. Ainsi, lorsque des êtres "au service de soi" franchissent la ligne, des légions d'êtres "au service des autres" apportent leur aide.
- À l'appui de ces théories, et conformément à la réduction du nombre d'enlèvements signalés, plusieurs sources indiquent que toutes les ET négatifs qui existent ont été expulsés et excommuniés de la Terre depuis les années 1990.
- Oublions les théories et regardons cela du point de vue de la loi d'attraction. Les gens qui sont attirés par le contact vibrent déjà à un niveau élevé et le contact avec des êtres d'une vibration inférieure ne correspond simplement pas. Pensez-y : quiconque est prêt à ressembler à un écrou à ailettes et à essayer la CE-5 démontre un niveau d'intrépidité de première classe.
- Enfin, dans un groupe, le niveau de contact est généralement limité au "plus petit dénominateur commun". Par exemple, si une personne est prête à établir un contact direct, mais que le reste du groupe ne l'est pas, alors cela n'arrive pas. Pensez-y à l'envers. Si une personne est beaucoup moins vibrante qu'un groupe de personnes heureuses, le pouvoir des personnes plus heureuses égalise les choses et exclut la possibilité d'interagir avec une ET ou une entité négative. En fin de compte, vous devez décider sur ce que sera votre réalité. La vie est un buffet formidable de contrastes pour que vous puissiez choisir. Accepter que la négativité fait partie de la vie et nous apprenons pour pouvoir créer notre réalité. C'est ton émission ! Prenez soin de vous et de votre propre croissance, faites une purification, et passez du temps avec des gens positifs, heureux et gentils. Par-dessus tout, faites confiance à vos sens. Sentez l'ambiance de chaque situation qui se présente à vous. Vous saurez si vous devez vous en détourner ou vous y diriger. Vous comprenez!

"J'ai encore peur"
Ne forcez rien. Voir le premier segment de cette section.

> Conseil : Si vous accordez de la crédibilité aux canalisations, faites preuve de discernement pour vous assurer d'obtenir de bonnes informations... certaines canalisations sont vulnérables à de mauvaises interférences ou ne sont simplement pas clairement reçues.

UNE OBSERVATION EN SIX SORTIES

Nous pensons que si vous vous concentrez sur les trois éléments clés :

1. Connexion à la conscience d'un seul esprit
2. Un cœur sincère
3. Intention claire

Vous aurez une observation dans les six prochaines sorties.

Si vous pouvez sortir avec d'autres personnes, tant mieux. Essayez quelques-unes des suggestions contenues dans le livre. Vous n'avez pas besoin d'un pointeur laser ou d'un scanner radar, vous n'avez besoin que d'être sous les étoiles.

Quand vous aurez vos observations, partagez ! Ce que vous avez vu, vos expériences internes, votre processus.... Allez sur la page ETLet'sTalk ou sur une page de groupe Facebook et parlez !

• ETLet'sTalk: http://etletstalk.com/
• The CE-5 Initiative: https://www.facebook.com/groups/205824492783376/
• CE-5, UFO, SIRIUS: ETLetsTalk.com: https://www.facebook.com/groups/1593375944256413/
• CE-5 Universal Global Mission: https://www.facebook.com/groups/1827858540868714/

Si vous avez suivi les instructions de ce guide et que vous n'avez pas été repéré en six sorties, envoyez-nous un courriel. Voyons quelle est votre résistance.

calgaryce5@gmail.com

Comme le dit James Gilliland, "Le contact commence de l'intérieur." Nous espérons que ce guide vous inspirera à passer à l'action et à développer votre moi intérieur.

Observations d'ovnis par an de 1910 à 2010

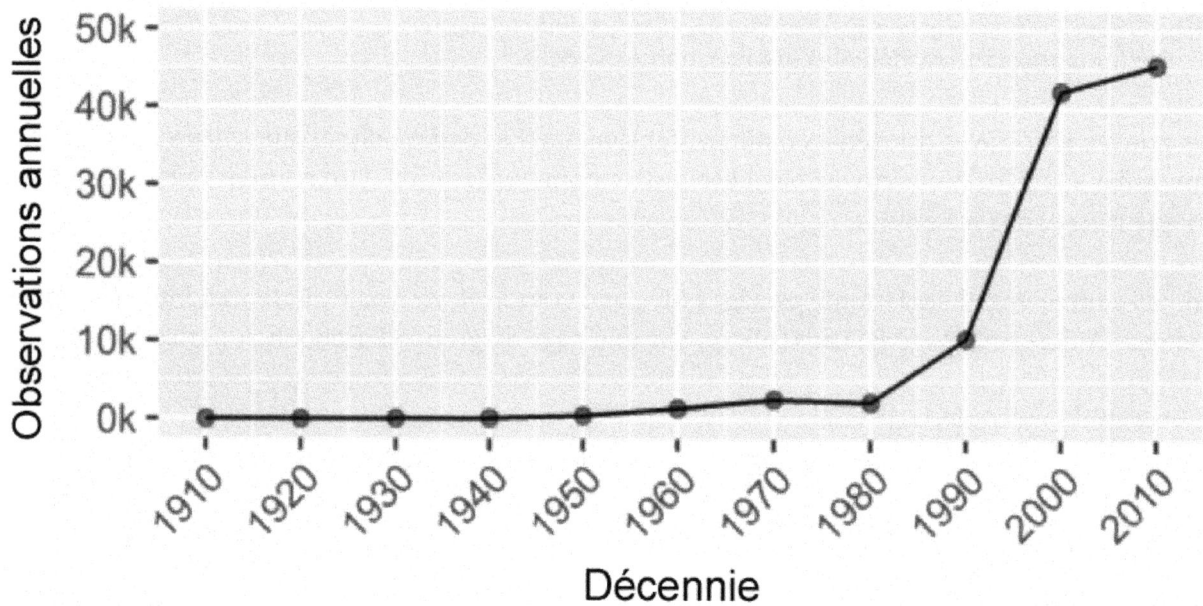

Informations tirées de:
UFO National Reporting Center
Compilé par: Sam Montford

TROISIÈME PARTIE :

OPINION ÉDITORIALE

ANNEXES

"FALSE FLAGS"

Si vous êtes douteux et que vous êtes arrivés jusqu'ici, nous vous félicitons pour votre capacité à tolérer des perspectives différentes. Quelle que soit la réalité ultime, vous faites preuve d'un niveau d'évolution qui, à notre avis, contribuera aux observations ! Maintenant.... nous allons vous tester davantage.

Un "false flag" ou opération « sous fausse bannière » est un acte terroriste qui est perpétré contre ses propres citoyens pour les unir contre un ennemi extérieur et les détourner de la menace réelle, qui vient en fait de l'intérieur du pays.

Werner Von Braun était un ingénieur aérospatial allemand qui a été amené aux États-Unis après la Seconde Guerre mondiale dans le cadre de l'opération Paperclip. Son assistant lui décrit ses avertissements au sujet d'un false flag d'immense proportion:

> Ce qui m'a intéressé, c'était une phrase répétitive qu'il m'a répétée à plusieurs reprises pendant les quatre années environ où j'ai eu l'occasion de travailler avec lui. Il a dit que la stratégie utilisée pour éduquer le public et les chefs était d'utiliser des tactiques de peur... d'abord les Russes seront considérés comme l'ennemi. En fait, en 1974, ils étaient l'ennemi, l'ennemi identifié... Puis les terroristes seraient identifiés. Nous avons beaucoup entendu parler du terrorisme. Ensuite, nous allions identifier les "fous" des pays du tiers-monde. Nous les appelons maintenant les "nations préoccupantes"... L'ennemi suivant était les astéroïdes. À ce stade, il a un peu gloussé la première fois qu'il l'a dit. "Astéroïdes - contre les astéroïdes, nous allons construire des armes basées dans l'espace. Et le plus drôle, c'est ce qu'il appelait les "Aliens", des extraterrestres. Ce serait la dernière frayeur. Et pendant les quatre années où je l'ai connu et où j'ai prononcé des discours à sa place, il n'a cessé d'évoquer cette dernière carte. Et n'oubliez pas Carol, la dernière carte est la carte extraterrestre. Nous allons devoir construire des armes spatiales contre les extraterrestres et tout cela n'est qu'un mensonge."
>
> —Carol Rosin

Le Dr Greer a également reçu des informations sur la possibilité que le complexe militaro-industriel se moque d'une "invasion étrangère" pour fortifier le pouvoir et justifier son existence.

Appuyant sur une possibilité parallèle, Barbara Marciniak parle d'un moment où une race ET prend le pouvoir en tant que nouveaux leaders et que nous, dans notre folie, les vénérons comme des dieux.

Heureusement pour nous, la simple existence du documentaire Unacknowledged fait maintenant une de ces théories néfastes, une blague. Si une farce comme celle-là commence à se mettre en place, il ne faudra pas beaucoup de travail pour que les gens partagent le documentaire avec leurs proches afin de permettre à la communauté d'acquérir des connaissances. De plus les groupes CE-5 du monde entier peuvent contacter les médias locaux et fournir des preuves de leur expérience de communication avec des êtres bienveillants. Vous voudrez peut-être enregistrer votre processus, recueillir des images et conserver des rapports sur les guérisons uniquement à cette fin.

> Depuis 2001, Carol Rosin s'est engagée dans l'activisme politique pour arrêter la militarisation de l'espace. Carol a été à la pointe du *Traité sur la prévention du déploiement d'armes dans l'espace*. Votre meilleure contribution est une lettre dans vos propres mots, qui est envoyée aux présidents des États nations du monde entier. Pour plus d'informations, rendez-vous sur http://peaceinspace.com.

VENDREDI

Charles Brygdes, un autre Albertain et leader dans la CE-5, dit que chaque semaine, il pense : "C'est peut-être le vendredi où la révélation aura lieu !" Il se concentre sur cette journée parce que Richard Dolan, chercheur d'ovnis, a proposé que la divulgation ait lieu un jour où le marché boursier pourra être fermé pendant quelques jours alors que le monde est sous le choc (et, espérons-le, se stabilise un peu). La divulgation peut avoir des effets inconfortables ou difficiles. C'est pour cette raison que les gouvernements du monde entier divulguent lentement des documents pour nous aider à nous habituer.

"Quand la divulgation aura-t-elle lieu?"
C'est une bonne question. Richard Dolan a dit qu'il y a 90% de chances que cela se produise d'ici vingt ans et que sa prédiction est conservatrice (sa citation est de 2016, ce qui nous amène à 2036.) Bashar, tel que canalisé par Daryl Anka, prévoit que ce sera entre 2030 et 2033. Bashar ne fait pas de prédictions souvent ou à la légère, et il a prédit le 11 septembre , la bonne l'année. Cette conjecture, bien sûr, est relative à nos propres actions personnelles. Comment contribuerez-vous à la divulgation?

"Et s'ils ne laissent pas la révélation se produire ?"
Nous savons que les criminels qui détiennent actuellement le pouvoir à la tête du monde tentent de réprimer la divulgation pour maintenir cette tyrannie oppressive du travail forcé. Comment savons-nous qu'ils ne réussiront pas avec leurs "false flag"?

Laissons l'histoire de Bill Brockbrader donner la réponse. Bill était un spécialiste militaire secret qui pilotait des missiles Tomahawk dans des villages afghans pendant la période hors guerre. Bill s'est rendu compte que ce qu'il faisait était mal et il a fini par se retirer du service. Il est ensuite devenu membre d'Anonymous. Edward Snowden, le célèbre informaticien de la CIA qui nous a dit la vérité sur la NSA, faisait aussi partie de la même cellule anonyme. Edward avait besoin d'un leurre, parce que lorsqu'il se passe quelque chose dans le monde extérieur qui excite les agences de renseignement, la sécurité intérieure s'effondre. Dans la cellule Anonyme, tout le monde disait: Évidemment, le leurre doit être Bill - il a la meilleure histoire. Alors Bill est intervenu. Lorsque Bill a fait son entretien avec Kerry Cassidy pour exposer ces crimes de guerre, Edward a sorti des téraoctets de données et les a enregistrées dans un asile. (Merci la Russie!) Bill a été saisi, condamné à une peine d'emprisonnement, puis quand il a été libéré, il est entré clandestinement. Son histoire est vraiment héroïque. Maintenant que vous avez le contexte de qui est Bill, voici la partie juteuse (comme si ce n'était pas déjà assez juteux?). À l'époque où Bill travaillait pour l'armée, on lui a demandé de faire un projet parallèle en raison de sa grande intelligence et de ses capacités psychiques. On lui a demandé de se pencher sur le projet Looking Glass, un appareil que le MIC utilisait auparavant pour prédire l'avenir. Ils lui ont demandé : "Quelle ligne du temps va gagner ?" Bill a versé les données et leur a donné la réponse: Tous les échéanciers possibles ont été regroupés en un seul échéancier, il n'existe maintenant qu'un seul résultat. Le reste de ce qui se passe ici sur terre est comme la fin du jeu d'échecs où le perdant, au lieu de se résigner à une perte confirmée avec dignité, se démène pour étendre son règne. Alerte spoiler: Les gentils gagnent.

Je peux personnellement me porter garant pour la partenaire de Bill, Eva Moore, une compatriote canadienne, qui est une dénonciatrice et une activiste. Je la connais depuis de nombreuses années et c'est l'une des femmes les plus sérieuses, les plus courageuses et les plus fortes que je connaisse.

Que ce soit ce vendredi ou les 982 vendredis à partir de maintenant, la divulgation aura lieu!

ÉNERGIE LIBRE

Il y a un très bon entretien sur YouTube avec Daryl Anka sur l'Ascension et le Nouvel Ordre Mondial (https://www.youtube.com/watch?v=vRtbvXp3wkw). Voici un résumé de certaines de nos réflexions supplémentaires :

- Personne ne vous contrôle.

- Une fois que vous réaliserez votre propre pouvoir et augmenterez votre fréquence, vos manifestations les plus désirées se concrétiseront (Ou, si vous le regardez d'une autre manière, vous changerez de fréquence et vous vous déplacerez vers un univers parallèle amélioré).

- Fondamentalement, tout ce que nous combattons, nous l'ancrons à notre réalité.

- Plus nous nous concentrons sur ce que nous ne voulons pas, plus nous en faisons l'expérience.

- Pour que les choses changent, nous devons PRÉFÉRER une réalité plutôt que d'en avoir besoin.

- Quand nous voulons quelque chose, il s'éloigne de nous et nous continuons à le pourchasser.

- Personne ne "garde" l'énergie libre. Nous n'avons pas besoin de divulgation pour obtenir de l'énergie gratuite. Beaucoup de gens ont créé des dispositifs énergétiques gratuits. Certaines personnes se voient confisquer leurs appareils, brûler des laboratoires ou se font tuer. Certains ont créé de l'énergie gratuite et n'ont pas fait arrêter leurs méthodes. (Un membre de notre groupe a vu une démonstration d'énergie libre au Québec par Daniel Pomerleau. Personne n'a été capable de le comprendre ou de le reproduire jusqu'à ce jour! Nous pensons qu'il utilise peut-être son propre champ d'énergie ou sa propre technologie de conscience comme catalyseur, ce qui peut être la raison pour laquelle ses modules ne peuvent être répliqués. Confisqués ou non, nos scientifiques recevront l'inspiration pour les créer à nouveau, ainsi que l'intuition correcte qui nous guide pour le faire de manière sûre. Lorsque nous sommes en accord avec la Source, les bonnes idées arrivent au bon moment.

- La peur attire vers vous ce que vous ne voulez pas comme un aimant, mais un peu de prudence est une bonne chose. Voici ce que nous avons entendu à propos du développement sécuritaire de l'énergie gratuite. Une fois que vous allumez un appareil à énergie libre, la technologie de balayage peut localiser l'endroit où cette énergie est créée. Et, grâce à Edward Snowden, nous savons qu'ils peuvent suivre chaque action numérique que vous entreprenez. On dit que ça n'a pas d'importance si votre téléphone est éteint. Nous avons également entendu dire qu'il existe des caméras satellites qui peuvent faire un zoom en direct dans votre quartier. C'est un peu un casse-tête pour se déplacer, mais il peut être et sera résolu de façon créative.

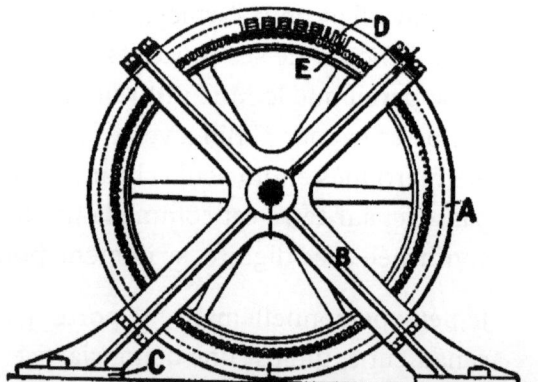

Alternator of 10,000 Cycles p.s., Capacity 10 K.W., Which Was Employed by Tesla in His First Demonstrations of High Frequency Phenomena Before the American Institute of Electrical Engineers at Columbia College, May 20, 1891. Fig. 1.

CHANGER LE MONDE

Tu n'as pas vraiment besoin de sauver le monde. Nous n'avons pas BESOIN de divulgation. Nous sommes ici pour grandir. La terre pourrait se briser en mille morceaux et, aussi tragique que cela puisse être, tout finirait par s'arranger. Il y a peut-être un monde parallèle où cela s'est déjà produit. Il y a peut- être des terres où l'âge d'or est déjà en pleine force. (Comment sommes-nous restés coincés ici ?) Ça enlève un peu la pression, non ? Nous sommes éternels et nous explorons et sommes dans chaque réalité, chaque résultat.

Qu'en est-il d'élever l'humanité ? Le don de soi est un sous-produit de votre expansion. Ça fait du bien. Alors, à mesure que nous prenons de l'expansion, nous sommes obligés de donner plus. C'est une impulsion naturelle et le résultat de votre évolution. Au fur et à mesure que vous évoluerez, vous comprendrez que nous ne faisons qu'un et qu'une injustice faite à l'un est une injustice faite à tous. Vous réaliserez que vous êtes vraiment tout le monde et tout. C'est un drôle de paradoxe parce que même si vous commencerez compulsivement à agir davantage au nom de tous, vous réaliserez aussi que vous n'avez pas à vous soucier des autres " vous " dans leur propre voyage, ou du résultat de tout cela. Chaque personne a encore son libre arbitre. Vous ne pouvez contrôler personne. Concentrez-vous sur vous-même, profitez de tout, et tout s'avérera parfait à la fin, même si ce n'est pas le cas.

Quoi que vous fassiez, ne vous insurgez pas contre ce que vous ne voulez pas. Le jugement ancre ce que vous détestez dans votre réalité. La clé pour arriver là où vous voulez être est de **Préférer** au lieu d'avoir **Besoin**. Alors quand vous pensez à la Réserve fédérale, à la tyrannie criminelle et à l'esclavage qu'ils ont si magistralement manipulés, dites-vous simplement : "Je préfère... (insérez votre préférence ici)". Cependant, si vous ressentez de l'angoisse à l'égard de ce syndicat, vous renoncez à votre pouvoir. Et peut-être que vous passerez aussi à une réalité parallèle où l'Islande ne leur a pas déjà botté les fesses hors de leur pays (Oui, ils l'ont fait, et nous le pouvons aussi !). Comme le dit l'adage : Ce que vous craignez le plus s'attire vers vous comme un aimant. Beurk!

Que faire ? Passez à l'action - faites ce qui vous excite ! Réalisez que nous sommes tous un, et quand vous voulez le pouvoir, la liberté ou la souveraineté pour vous-même, agissez au nom de tous dans un esprit d'amour et nous y parviendrons tous ensemble et revendiquer tout ce qui nous appartient depuis le début. Définissez le rôle que vous voulez dans cette période passionnante et surtout, appréciez le processus. La vie est faite pour être AMUSANTE !

Nous voulons partager avec vous notre préférence : que vous fassiez tout ce que vous vous sentez appelé à faire, et que vous suiviez ce chemin malgré la peur, ignorant les opinions de tous les autres, y compris nos convictions profondes. Cependant, vous avez pris ce document. Nous pensons donc que vous voudrez peut-être faire partie de la vision que nous pouvons clairement voir pour notre avenir. Nous aimerions beaucoup que vous fassiez du CE-5 une partie de votre vie, parce que #1, nous savons à quel point c'est amusant, et #2, ce serait génial si plus de gens répandaient le savoir que les ET sont réels, avec comme preuve de témoignage direct.

Nous n'avons pas besoin d'une divulgation plus rapide, mais ce serait bien, n'est-ce pas ? Faisons partie d'une réalité où la divulgation a lieu le plus tôt possible et où chacun d'entre nous peut faire l'expérience de l'abondance qu'il mérite.

LE MOUVEMENT DE DIVULGATION DU PEUPLE (THE PEOPLE'S DISCLOSURE MOVEMENT)

Comment pouvons-nous aider à la divulgation ? Le mouvement de divulgation populaire est une initiative organisée par un groupe de personnes qui ont pris conscience de la puissance de la contribution de l'homme de la rue, et lui ont donné un porte-voix. Kosta Makreas a fondé ce mouvement en octobre 2010. Le mouvement a réuni des milliers de personnes dans le monde entier. Il a transformé les gens de "croyants" en "sachants". Elle a eu pour conséquence que les gens ont repris leur pouvoir aux autorités. Une partie de ce mouvement est "The Global CE-5 Initiative" et "ETLet'sTalk" qui, depuis sa création en 2010, met mensuellement sur le terrain des équipes Contact ET. Vous pouvez connecter avec cette communauté en vous inscrivant sur http://etletstalk.com/.

Vous êtes une partie influente et intégrale de la divulgation. Le sujet OVNI peut être un sujet brûlant. Vous allez vraiment vous agiter à "convaincre" les gens de votre vérité. Ne vous embêtez pas, c'est une perte de temps. D'un point de vue universel fondé sur la loi, ce serait ancrer ces gens et cette réalité à vous de toute façon - peu importe contre qui vous luttez, vous vous menottez à vous-même.

Ce que vous pouvez faire, c'est devenir un ambassadeur de l'humanité. Et c'est facile :

- Tenir une réunion CE-5 mensuelle de CE-5.
- Lorsque votre famille, vos amis et vos collègues vous demandent ce que vous avez fait lors de votre fin de semaine, dites-leur. Quand vous faites régulièrement de la CE-5, partagez des nouvelles au sujet des OVNIS.
- Partagez qui vous êtes et quelles sont vos passions librement. Je dis souvent aux gens quand je les rencontre pour la première fois que je suis une folle d'OVNI.

C'est tout ! Comment ça marche ? Tout d'abord, il met les mots OVNI, ET, CE-5, etc. dans le langage quotidien de notre conscience dans son ensemble. Toute mention légitime le mouvement.

Deuxièmement, votre histoire est importante. Pour les gens en général, quand on laisse tomber son histoire et qu'on ne fait pas de prosélytisme, c'est séduisant et intéressant. La plupart des gens croient que nous ne sommes pas seuls dans l'univers. Les sceptiques sont moins nombreux (mais d'une manière ou d'une autre plus bruyants) et ils ne seront pas convaincus, même devant les documents irréfutables que les gouvernements publient. Cependant, lorsque vous dites que vous avez vu une lumière inexplicable dans le ciel se déplacer d'une manière qu'aucun autre engin conventionnel fabriqué par les humains ne peut se déplacer, appuyés par d'autres témoins, et que vous n'étiez pas défoncé, une ligne de faille apparaît dans leur réalité. C'est une fissure qui se déplace lentement, mais semer ces graines sont importantes.

Comment Kosta a été inspiré pour lancer le mouvement de divulgation populaire et le réseau ETLet'sTalk :

"En juillet 2010, après presque 4 ans d'immersion dans la formation CE-5 avec beaucoup de contact ET réussis, je savais qu'il y avait des centaines, peut-être des milliers de personnes comme moi dans le monde qui faisaient la même chose."

"J'ai eu une inspiration : Pourquoi ne pas tous nous mettre en communcation en tant que communauté? Cela permettrait peut-être de mettre nos efforts en synergie. J'ai demandé à mon guide spirituel s'il valait la peine de consacrer du temps, de l'énergie et des efforts à " organiser " tant de personnes à grande échelle."

«J'ai été surprise de recevoir une communication télépathique de ce que je connaissais à l'époque comme source ET:

> 'Créez autant d'équipes de contact que possible, dans autant d'endroits que possible, dès que possible.'

...sont les mots qui me sont apparus dans ma tête. '"Qu'est-ce que cela va accomplir? " ai-je demandé.

> «Alors que de plus en plus d'humains demandent à nous voir dans le ciel, cela nous donnera la permission et l'occasion d'apparaître dans de nombreux autres endroits du monde. Il en résultera qu'encore plus d'humains nous verront ... qui demanderont alors de nous voir à plus grande échelle. Cela nous permettra d'apparaître dans plusieurs endroits, etc. Nous appelons cela un «cercle vertueux». Un jour, les preuves de notre présence dans le ciel de votre monde seront trop abondantes pour être démenties. »

"J'ai été surprise par cette information, mais très, très heureuse. Leur demande était simple, claire et directe!!"

Dr Greer encourage la même chose. La divulgation n'est plus sous le contrôle des gouvernements ou des cartels. Cela se produit déjà et c'est à nous de nous libérer. Greer inspire chacun de nous à l'action avec un dicton qui a été martelé dans l'esprit des étudiants de la faculté de médecine:

> "Apprenez, faites, enseignez"

Nous joignons nos voix à ce chœur en vous invitant: créez une équipe et apprenez aux autres comment créer leur propre équipe. Faites partie de l'un des mouvements les plus importants et les plus excitants qui contribuera à ramener la paix sur cette planète.

MÉFIEZ-VOUS DE LA DIVISION

Nous sommes tous un. Quand on condamne quelqu'un, on se blesse.

Quand vous entendez quelqu'un en critiquer un autre, rappelez-vous que toute attaque est un appel à l'aide. Pardonnez l'agresseur. Dites quelque chose d'édifiant à propos de la personne qui a été critiquée. Concentrer votre attention sur la guérison de l'agresseur. De quoi cette personne a-t-elle besoin? La plupart des gens veulent juste de l'amour. Aimez-les.

Comme vous grandissez dans votre propre illumination, vous aimerez tout le monde. Même Hitler. En effet, à mesure que nous évoluons, nous devenons plus inclusifs et moins exclusifs. Nous comprenons aussi mieux la réalité ultime : que nous venons sous cette forme et que nous nous faisons des choses horribles les uns aux autres, sachant qu'en fin de compte le résultat est assuré et que ce n'était qu'un jeu pour nous de vivre qui nous sommes vraiment. Nous sommes l'Amour. Qui peut dire que votre pire ennemi n'est pas votre partenaire le plus précieux jouant parfaitement son rôle dans cette vie ?

Pensez-vous que quelqu'un est stupide, diabolique, ou même un agent de désinformation ? Bénissez-les, puis ignorez-les. Qu'ils mènent leur vie de fous. Pensez-vous que vous n'avez jamais eu une vie antérieure où vous n'étiez pas aussi évolué ? Il est garanti que nous avons tous fait des choses atroces dans nos vies passées, il y a longtemps. Des choses si horribles que si nous avions conscience d'elles, nous ne dormirions pas pour le reste de nos jours.

Chaque fois que quelqu'un condamne quelqu'un d'autre, le contact s'éloigne. Cela s'applique à tout le monde. Qui t'as fait du mal ? Ta mère, ton frère ou ton ex-amant ? On a tous du travail à faire !

"Pour avoir un contact ouvert, nous devons être beaucoup plus cohésifs et cesser de nous battre... refuser d'élever notre vibration est une décision de ne pas entrer en contact avec une civilisation qui vibre beaucoup plus haut que nous."

- Daryl Anka/Bashar

"Si nous ne nous unissons pas dans nos similitudes, nous nous dissolvons dans nos différences"

- Samoiya Shelley Yates

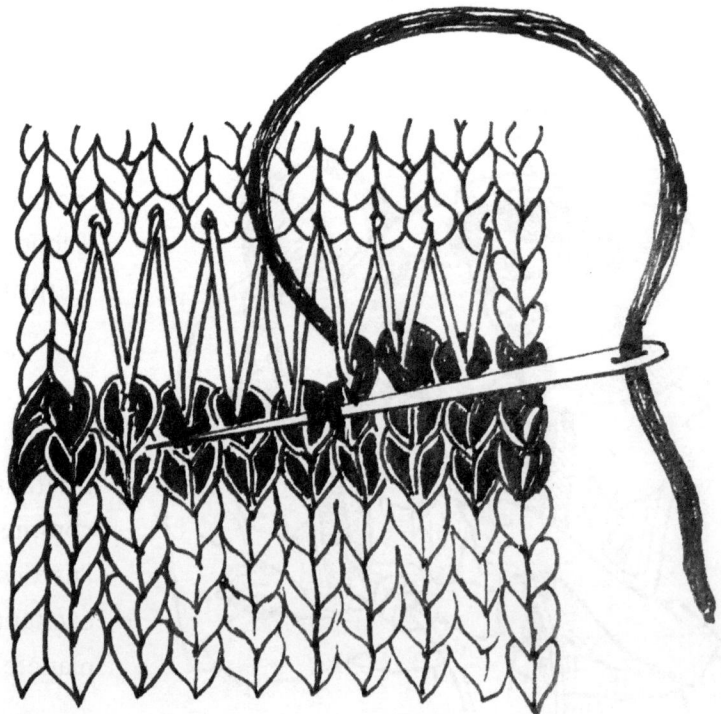

COMMENT DÉTRUIRE UN MOUVEMENT

Si la population générale prend conscience de l'existence de l'énergie gratuite, les systèmes énergétiques, financiers et électriques s'effondreront. Ceux qui sont actuellement au pouvoir utilisent de nombreux moyens pour maintenir leur prospérité et leur contrôle. Des organismes comme le Joint Threat Research Intelligence Group (JTRIG) dirigent des programmes visant à ruiner des réputations qui ternissent la vérité et détruisent des mouvements. Ils ont des devises comme : "Nier, perturber, dégrader et tromper."

Exemples des techniques utilisées :

- "Parmi les buts principaux de la JTRIG, il y a deux tactiques : (1) d'injecter toutes sortes de faux documents sur Internet afin de détruire la réputation de ses cibles ; et (2) d'utiliser les sciences sociales et d'autres techniques pour manipuler le discours et l'activisme en ligne afin de générer des résultats qu'il juge souhaitables."
- 'Honey traps' (attirer les gens dans des situations compromettantes en utilisant le sexe).
- 'Operations false flag' (publier du contenu sur Internet et l'attribuer à quelqu'un d'autre)
- Faire semblant d'être victime (de l'individu dont ils veulent détruire la réputation), en publiant des "informations négatives" sur différents forums.

Jetez un coup d'œil à cette diapositive, qui fait partie du matériel didactique pour enseigner aux agents les résultats du " jeu ". Nous pensons que le monde de la CE-5 a déjà été ciblé. Pour maintenir ce mouvement fort, nous devons nous concentrer sur notre idéologie commune, nos croyances communes et nous unir contre ceux qui ne veulent pas la liberté pour tous.

SECRET//SI//REL TO USA, FVEY

Identifier et Expliquer les Points de Fracture

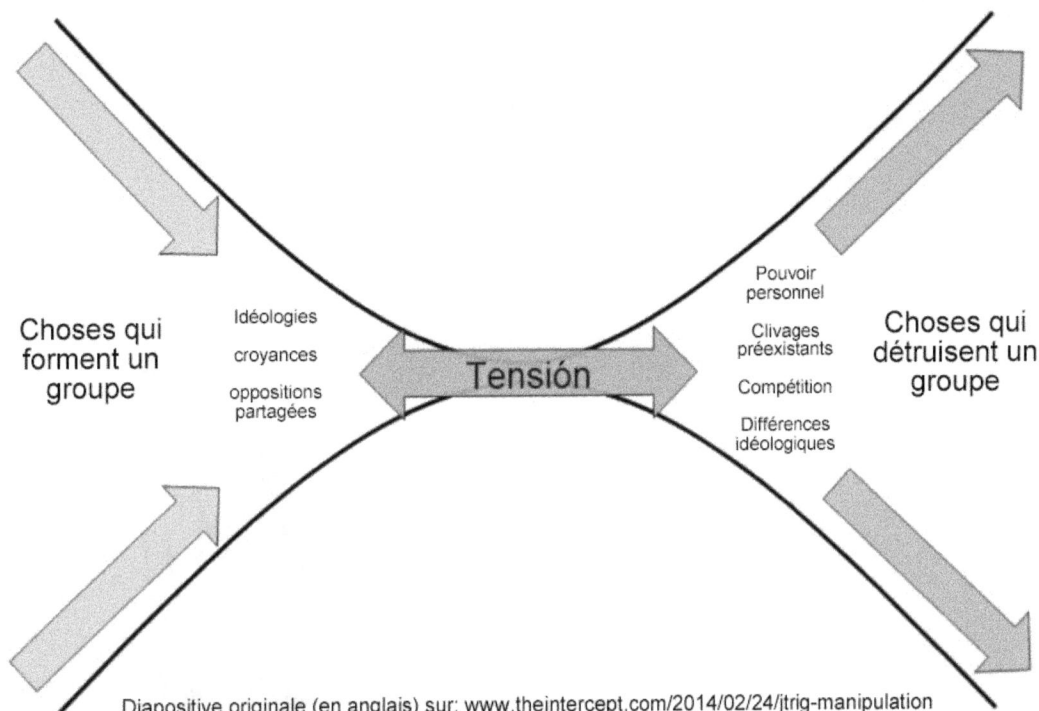

Choses qui forment un groupe

Idéologies
croyances
oppositions partagées

Tension

Pouvoir personnel
Clivages préexistants
Compétition
Différences idéologiques

Choses qui détruisent un groupe

Diapositive originale (en anglais) sur: www.theintercept.com/2014/02/24/jtrig-manipulation

LE FUTUR

Je vais vous laisser avec une courte histoire au sujet de mon fils de 7 ans qui a été présenté aux ET. Nous étions dans le parc national Banff, emmitouflés pour aller observer les étoiles ensemble pour la première fois. On regardait la Voie lactée et il adorait le pointeur laser. Il a dit que c'était comme un sabre laser qui allait pour toujours dans l'espace. J'ai vu une étoile filante (ou streaker) et je lui ai montré où elle avait été. Il n'avait jamais vu une étoile filante auparavant et j'espérais qu'il en verrait une autre ce soir-là, mais j'ai pensé : " Comment va-t-il en voir une quand elle passe si vite ? À son âge, il faut beaucoup de temps pour filtrer l'information du monde et une petite lumière rapide comme celle-là serait très difficile à capter. Alors que nous regardions les constellations, je lui ai dit que nous cherchions aussi des OVNIs, et qu'ils ressemblaient à des flashs de caméra. Il s'est excité et a dit "Hello Aliens !" au ciel et un instant plus tard, j'ai vu un flash ! Avec le pointeur laser, j'ai encerclé l'endroit où l'ampoule était apparue et quand il s'est concentré sur cet endroit, nous en avons vu 5 ou 6 autres, en succession rapide. Nous étions si excités, couinant et riant et criant dans le noir. Il m'a demandé si c'était ce que j'avais fait et j'ai répondu : "Oui." Il a dit qu'il ne savait pas que c'était si amusant. Nous avons dit "Merci" et nous avons continué à souligner les constellations. Quand il a eu froid, on s'est préparés à partir et j'ai dit : "Au revoir tout le monde !" au ciel. Il leva les yeux, salua et dit "Au revoir !" Immédiatement un autre gros flash ! Due à sa capacité, il ne put percevoir le flash étant trop rapide mais dès que je lui ai fait remarquer où il se trouvait, une étoile filante est passée à côté de lui. Sa première étoile filante. (Ou streaker !) J'ai réalisé mon vœu pour lui. Il a fait un vœu pour lui-même, et nous sommes entrés.

Imaginez le monde que nous aidons à créer pour nos enfants, qui sont déjà prêts à le recevoir.

Avec amour pour tout le monde entier,

Cielia et le groupe CE-5 de Calgary

MODÈLES DE JOURNAUX POUR LE CE-5

Utilisez les modèles des pages suivantes pour faire le suivi de votre travail sur le terrain. Si vous avez rempli les trois éléments clés (1. connexion à la conscience d'un seul esprit, 2. cœur sincère, 3. intention claire), nous pensons que vous aurez eu au moins une observation lorsque vous aurez rempli les six journaux.

CE-5 Log 1

Date : _____

Lieu : _____

Début/heure de la fin : _____

Participants :

_____

_____

Objectif :

_____   _____
_____   _____
_____   _____
_____   _____
_____   _____
_____   _____
_____   _____

Expériences ou observations internes/externes :

_____
_____
_____
_____
_____
_____
_____
_____
_____
_____
_____
_____
_____
_____
_____
_____
_____
_____
_____
_____
_____
_____
_____
_____

CE-5 Log 2

Date : _____

Lieu : _____

Début/heure de la fin : _____

Participants :

_____

_____

Objectif :

_____   _____
_____   _____
_____   _____
_____   _____
_____   _____
_____   _____
_____   _____

Expériences ou observations internes/externes :

_____
_____
_____
_____
_____
_____
_____
_____
_____
_____
_____
_____
_____
_____
_____
_____
_____
_____
_____
_____
_____
_____
_____

CE-5 Log 3

Date : _____

Lieu : _____

Début/heure de la fin : _____

Participants :

_____

_____

Objectif :

_____ _____

_____ _____

_____ _____

_____ _____

_____ _____

_____ _____

_____ _____

Expériences ou observations internes/externes :

_____

_____

_____

_____

_____

_____

_____

_____

_____

_____

_____

_____

_____

_____

_____

_____

_____

_____

_____

_____

_____

_____

_____

CE-5 Log 4
Date : _____
Lieu : _____
Début/heure de la fin : _____

Participants :
_____
_____

Objectif :

_____   _____
_____   _____
_____   _____
_____   _____
_____   _____
_____   _____
_____   _____

Expériences ou observations internes/externes :

_____
_____
_____
_____
_____
_____
_____
_____
_____
_____
_____
_____
_____
_____
_____
_____
_____
_____
_____
_____
_____
_____
_____

CE-5 Log 5

Date : _____

Lieu : _____

Début/heure de la fin : _____

Participants :

_____

_____

Objectif :

_____   _____
_____   _____
_____   _____
_____   _____
_____   _____
_____   _____
_____   _____

Expériences ou observations internes/externes :

_____
_____
_____
_____
_____
_____
_____
_____
_____
_____
_____
_____
_____
_____
_____
_____
_____
_____
_____
_____

CE-5 Log 6

Date : _____

Lieu : _____

Début/heure de la fin : _____

Participants :

_____

_____

Objectif :

_____   _____

_____   _____

_____   _____

_____   _____

_____   _____

_____   _____

_____   _____

Expériences ou observations internes/externes :

_____

_____

_____

_____

_____

_____

_____

_____

_____

_____

_____

_____

_____

_____

_____

_____

_____

_____

_____

_____

QUI EST QUI ?

Il y a un certain nombre de contributeurs majeurs dans le monde du contact et/ou de la CE-5. Plusieurs de ces personnes font actuellement des efforts pour communiquer avec les ET et vous pouvez vous joindre à eux lors d'une retraite.

Sixto Paz Wells - Espagne et Amérique latine
Sixto a fondé Rahma en 1974, le premier groupe de contact ET moderne, structuré et international. Rahma a été formé avec la mission de relier les civilisations ET avec les êtres humains dans le meilleur intérêt de la planète et de l'humanité. Sixto est connu pour avoir convoqué la presse internationale à dix observations avant même qu'elles ne se produisent. http://www.sixtopazwells.com/

Enrique Villanueva - Côte ouest des EU
Enrique a rejoint Rahma en 1988 et a démarré un groupe satellite à Los Angeles en 2009. Actuellement, Enrique travaille comme hypnothérapeute professionnel en Californie et organise chaque été une retraite de contact au Mont Shasta, basée sur les protocoles de contact Rahma. Nous ne savons pas grand-chose sur Enrique, alors laissez cette citation parler en son nom. Il dit : "Ils (ET) disent que le contact le plus important n'est pas le contact avec eux, mais le contact intérieur. Une fois que vous atteignez ce niveau, le contact avec eux est une conséquence de votre préparation. Ils sont donc toujours ouverts et attendent que nous atteignions ce niveau et ensuite ils déclencheront l'expérience pour vous. C'est une invitation à élargir notre conscience. Et ils sont déjà là. Nous n'avons pas besoin d'ambassadeurs. Chaque être humain peut être un ambassadeur."
https://www.facebook.com/enrique.villanueva.56 http://enriquevillanueva.weebly.com/

Dr. Steven M. Greer - Sud-est des EU
Steven Greer, M.D., était un urgentiste dont la vie a pris un tournant inattendu dans le monde des ET, de la corruption gouvernementale, de la dissimulation, des opérations secrètes, des engins spatiaux fabriqués par l'homme, des dispositifs d'énergie gratuite confisqués, des lanceurs d'alerte et des informateurs. Il a enseigné le protocole CE-5 au sein du groupe CSETI à partir de 1990. Il est brillant, énergique et intensément fidèle à son parcours souvent difficile. Il a été à la pointe du Disclosure Project en 2001, a publié plusieurs livres et a également produit deux documentaires importants.
http://siriusdisclosure.com/

Lyssa Royal Holt - Arizona, Japan
Lyssa a été un membre fondateur du CSETI vers les années 90 et a ensuite dirigé une équipe de contact en Arizona où elle et son groupe ont reçu plus d'informations sur la méthodologie de contact à travers son processus de canalisation. Depuis 2010, son groupe travaille à l'entrée et au travail dans les états quantiques de conscience. Son livre, Prepare for Contact, est un manuel essentiel décrivant le lien intime entre les observations et le développement de votre conscience. Vous pouvez assister à des formations et à des événements spéciaux avec elle en Arizona, au Japon et ailleurs.
http://www.lyssaroyal.net/

James Gilliland - Nord-ouest Pacifique des EU

James est le fondateur d'ECETI (Enlightened Contact with ET Intelligence), qui est situé sur la terre ferme dans les régions sauvages de l'État de Washington où une longue histoire d'observations d'OVNI remonte à des centaines d'années. Il est aussi connu sous le nom de "The Ranch" et existe depuis plusieurs décennies. Le mont Adams est tout près et pourrait avoir une base intergalactique à l'intérieur - nous connaissons quelqu'un qui a vu une porte ouverte dans la montagne et qui a vu des OVNIS entrer et sortir ! James est gentil, sympathique et plein de blagues à papa. Pour visiter le Ranch, il faut d'abord demander une invitation privée - rendez-vous sur son site web. http://www.eceti.org/

Kosta Makreas - Côte Ouest des EU

Kosta est le ciment du monde CE-5. Il a établi avec succès de nombreux contacts avec les ET depuis 2006 et, depuis, il a créé "le mouvement de divulgation populaire ", "Initiative Globale de la CE-5" et la communauté ETLet'sTalk. La communauté ETLet'sTalk compte plus de 20 000 membres dans plus de 100 pays. (Pour en savoir plus sur cet important réseau, voir la section décrivant ce mouvement). Il a consacré sa vie à répandre la conscience et l'espoir à travers ses projets en facilitant l'autonomisation de l'homme ordinaire par la communauté. Il est à la fois noble et terre-à-terre. Son adorable partenaire Hollis Polk les crée avec lui alors qu'elle enseigne aux gens comment reconnaître et développer leurs pouvoirs psychiques naturels afin de créer une meilleure expérience ET Contact. C'est un couple de pouvoir avec lequel il faut compter. http://etletstalk.com/

<u>Moins importants dans leur domaines mais toujours intéressant:</u>

Mark Koprowski – Tokyo, Japon. Originaire du Minnesota, Mark organise des événements CE-5 au Japon depuis 2013. Il a participé à de nombreuses retraites de contact dans le monde entier et sait qui fait quoi et où. Mark a donné à notre groupe beaucoup d'excellents conseils, dont une grande partie se trouve dans ce guide et qui nous a beaucoup aidés dans nos progrès. Mark a également contribué à la rédaction de ce livre. Si vous visitez le site Web ou la page Facebook de son groupe, vous trouverez des articles, des vidéos et des rapports de terrain intéressants sur le CE- 5 qui s'adressent à quiconque pratique le CE-5 partout dans le monde. http://www.ce5tokyo.org

Deb Warren - OCSETI (Okanagan Centre for Study of ET Intelligence), à l'ouest du Canada. Deb est notre mentor de la province voisine et dirige son groupe CE-5 à partir de Vernon, en Colombie-Britannique. Nous l'avons rencontrée lors d'une de ses nombreuses tournées CE-5 dans l'Ouest canadien, où elle a généreusement passé ses étés à se déplacer de groupe en groupe sur plusieurs kilomètres pour partager ses connaissances et faire du travail de terrain avec les débutants. Elle a participé à plus de retraites du Dr Greer que vous ne pouvez compter sur deux mains, et elle s'est toujours rendue disponible gratuitement pour de l'aide et du soutien. Nous lui sommes très reconnaissants pour tous les appels téléphoniques et les courriels auxquels elle a répondu. Elle nous a beaucoup aidés avec ce manuel et a comblé une lacune importante dans la section sur l'équipement. https://ocseti.wordpress.com/

RESSOURCES RECOMMANDÉES

Livres
- *Preparing for Contact* (Lyssa Royal Holt)
- *Calling on Extraterrestrials* (Lisette Larkins)
- *Paths to Contact* (Jeff Becker)
- *The E.T. Contact Experience – CE-5 Handbook* (Peter Maxwell Slattery)
- *Evolution Through Contact* (Don Daniels)
- *Forbidden Truth, Hidden Knowledge* (Steven M. Greer)
- *Contact: Countdown to Transformation* (Steven M. Greer)
- *Unacknowledged* (Steven M. Greer & Steve Alten)
- *Exopolitics: Political Implications Of The Extraterrestrial Presence* (Michael E. Salla)
- *Galactic Diplomacy: Getting to Yes with ET* (Michael E. Salla)
- *Bringers of the Dawn* (Barbara Marciniak)
- *Becoming Gods* (James Gilliland)
- *The Orb Project* (Miceal Ledwith & Klaus Heinemann)
- *From Venus I Came* (Omnec Onec)
- *The Hathor Material* (Tom Kenyon)
- *Secrets of the Lost Mode of Prayer* (Gregg Braden)
- *Walking Between the Worlds* (Gregg Braden)
- *Electrogravitics Systems* (Thomas Valone, PhD.)
- *Love* (Leo Buscalia)
- *Conversations with God, Book 4 – Awaken the Species* (Neale Donald Walsch)

Podcasts
- *CE-5 Minneapolis* de Paul Riedner. 13 épisodes produits.
- *As You Wish Talk Radio* de James Gilliland.
- *Becoming a Cosmic Citizen* de Sierra Neblina et Don Daniels.
- *Fade to Black* de Jimmy Church.
- *Opens Mind UFO Radio*
- *The Grimerica Show* de Graham et Darren.
- Graham fait partie de notre groupe CE-5 depuis des années. Lui et Darren sont à la frontière de l'exploration, plongeant dans un grand éventail de sujets fascinants tels que : la conscience, les OVNIs, les mystères anciens, les réalités alternatives, etc. Le préambule de chaque entrevue vaut la peine à lui seul pour les plaisanteries et les jingles. Invités inclus : Stanton Friedman, Jacques Vallee, Richard Dolan, Joseph Farrell. Assurez-vous d'écouter l'épisode #243 avec Grant Cameron et #220 avec Kosta et Hollis.

Sites web et YouTube
- **ET Let's Talk** - Mentionné plusieurs fois dans ce document, ETLet'sTalk a un trésor de rapports CE-5, de groupes CE-5, et plus encore. ETLet'sTalk présente également les webinaires de Danny Sheehan. Danny est un avocat spécialisé dans les questions constitutionnelles et d'intérêt public, un orateur public, un activiste politique et un éducateur. Il parle de l'humanité cosmique, de la méditation et de la conscience, selon un horaire régulier. http://etletstalk.com/
- **Sirius Disclosure** - Hub central du Dr Greer. http://www.siriusdisclosure.com/

- **Center for the Study of Extraterrestrial Intelligence (CSETI)** http://www.cseti.org/
- **Enlightened Contact with Extraterrestrial Intelligence (ECETI)** http://www.eceti.org/
- **ECETI Australia** - La resource CE-5 de Peter Maxwell Slattery.
  https://www.ecetiaustralia.org/
- **Peter Maxwell Slattery** - Un autre site pour Peter. https://www.petermaxwellslattery.com/
- **The Pete N Rae Pathways Show** sujets inclus: CE-5, conscience, intelligence non-humaine, et
  le spectre de phénomènes liés au contact.
  https://www.youtube.com/channel/UCEdJ75f6ipFbKdUjGeGzMQQ
- **CE-5 Aotearoa** - Organisation a but non lucratif en Nouvelle-Zélande. Nouvelle-Zélande et
  événements internationaux pour le CE-5 et autres modalités. https://www.ce5.nz/
- **JCETI Japan** - Japan Centre for Extraterrestrial Intelligence de Greg Sullivan. Japonais:
- http://www.jceti.org/, Anglais: http://www.ce5-japan.com
- **Daryl Anka** - Canal d'une entité ET nommée Bashar. http://www.bashar.org/
- **Tom Kenyon** - Canal d'un groupe d'ET appelé les Hathors. http://tomkenyon.com/
- **Dr. Edgar Mitchell** - Un astronaute qui a fondé FREE (Foundation for Research into
  Extraterrestrial Encounters). http://www.experiencer.org/
- **Richard Dolan** - Considéré par plusieurs d'être le premier auteur et orateur sut le sujet des
  OVNIS aujourd'hui. https://www.richarddolanpress.com/
- **Samoiya Shelley Yates** – Cette Canadienne de l'est a vécu une expérience de mort imminente
  où elle a rencontré des ET qui lui ont expliqué comment sauver miraculeusement la vie de son
  fils et aider à ancrer la planète à un moment critique en facilitant des méditations de groupe
  réunissant des millions de personnes.
  https://www.youtube.com/watch?v=KHGyu_AXNWg&t=6
- **Grant Cameron** - Chercher d'OVNI canadien hyper-rapide. Intéressant, intelligent et amusant.
  http://www.presidentialufo.com/
- **Michael Schratt** - Black Ops, ARVs et UFOs.
  https://www.youtube.com/watch?v=pFWza6LTMrY (1.5 hours)

Documentaries & autres médias

- *Unacknowledged* (2017) Le premier documentaire à regarder. UFO cover up 101 (On Netflix).
- *Sirius* (2012) Bien qu'il soit produit plus tôt, regardez-le. Comprend les CE-5 et l'étude
  génétique d'un corps ET momifié. https://www.youtube.com/watch?v=5C_-HLD21hA
- *Contact Has Begun: A True Story with James Gilliland* (2008)
  https://www.youtube.com/watch?v=V261_HKD4aQ
- *CSETI Working Group Training Materials* https://siriusdisclosure.com/wp-content/uploads/2012/12/WorkingGroupManual.pdf
- **TODO ES ENERGIA** (Everything Is Energy)
  Gustavo, membre de notre groupe Calgary CE-5, a un groupe Facebook hispanophone qui
  découvre toutes sortes d'informations sur la connexion du corps, de l'esprit et de l'âme, y
  compris: l'éveil, les conspirations, le yoga, les extraterrestres, le Reiki, la guérison du prana, les
  cristaux, tarot, méditations, vision à distance, projection astrale, rêves lucides, énergie,
  mécanique physique et quantique et acupuncture.
  https://www.facebook.com/groups/838503992965283/

GLOSSAIRE

A

âge d'or: ère future sur terre aux caractéristiques utopiques

agent de désinformation: Un menteur qui accepte de l'argent pour répandre des mensonges pour tromper les gens

aliens: êtres qui ne sont pas «d'ici»

ambassadeur: Représentant d'un groupe

Arcturiens: Petits êtres avancés bleu verdâtre avec trois doigts et des yeux en amande

Alien Reproduction Vehicles (ARV): Navires fabriqués par des humains, rétroconçus à partir d'OVNIS écrasés

ascension: Évolution spirituelle

aurore boréale: démonstration de lumière naturelle agréable se produisant près des pôles

B

bol chantant: un instrument de musique tibétain qui favorise la méditation profonde et la relaxation

C

CE-1 (ou RR-1 en français): Close encounter of the first kind (ou Rencontre Rapprochée du 1er type) (Voir un vaisseau ET à moins de 20m)

CE-2 (ou RR-2): Rencontre Rapprochée du 2ème type (Preuve physique d'un atterrissage ou d'un vaisseau)

CE-3 (ou RR-3): voir un Être

CE-4 (ou RR-4): Interaction avec les êtres / rencontres surréalistes / enlèvements

CE-5 (ou RR-5): Communication initiée par l'homme avec les ET

celeste: relatif au ciel

chakras: Centres d'énergie dans le corps remontant la colonne vertébrale jusqu'au travers la tête

chakra cardiaque: Le centre énergétique au niveau du cœur

chakra "Couronne": Centre énergétique situé en haut de la tête

chakra de la gorge: centre d'énergie au niveau de la gorge

chakra du plexus solaire: centre d'énergie au haut de l'abdomen au-dessus de votre nombril

chakra « Racine »: Centre d'énergie dans le corps à la base de la colonne vertébrale / du plancher pelvien / des organes génitaux

chakra sacré: centre d'énergie au bas de l'abdomen sous votre nombril

chakra du troisième œil: centre d'énergie juste au-dessus et entre vos sourcils

channelling (ou canalisation): quand quelqu'un relaie la communication d'un autre être (ET ou non physique)

ciel déformé: apparence anormale d'une partie du ciel (vagues de chaleur, chatoyantes, plus sombres)

clairaudience: capacité d'entendre quelque chose au-delà de la capacité sensorielle normale

clairgustance: capacité gustative au-delà de la capacité sensorielle normale

clairalience: odorat au-delà de la capacité sensorielle normale

clairsentience: capacité de percevoir des sensations non physiques ou de l'énergie dans le corps

clairvoyance: capacité de percevoir quelque chose au-delà de la capacité sensorielle normale

« cloud busting »: activité consistant à essayer de façonner ou de déplacer des nuages avec intention

communication externe: informations reçues d'autres êtres qui se produisent dans la réalité 3D

communication interne: informations reçues d'autres êtres qui se produisent en interne

Complexe militaro-industriel (CMI): bras armé du gouvernement américain

Conscience: L'amour. Ou la conscience. Ou l'expansion. Ou Dieu. Ou ...

Conscience brahmanique: Un état d'esprit équivalent au divin incarné

Conscience cosmique: La conscience collective de l'univers

Conseil interplanétaire: une assemblée d'ambassadeurs ET assurant la gouvernance et la législation

Corps astral: Une partie de vous qui est une énergie qui peut voyager indépendamment de votre corps physique

corps de lumière: une partie de vous qui est une énergie qui peut voyager indépendamment de votre corps physique

cosmos: L'univers, surtout harmonieux, bien ordonné

crop circle "ou cercle de culture/agroglyphe, en français": Motifs géométriques dans les champs des agriculteurs avec des nœuds de plantes anormaux et remodelés

crop circle tones: Sons anormaux enregistrés dans un cercle de culture

CSETI: Center for the Study of Extraterrestrial Intelligence (Centre pour l'Etude de l'intelligence Extra-terrestre) Créé par le Dr. Steven Greer

D

didgeridoo: Un instrument à vent australien fabriqué à partir d'une branche creuse

dimensions: Différentes réalités / mondes, peuvent être classés en 3D, 4D, 5D, etc.

divulgation: Quand la vérité sur ET est révélée

"download" (ou "téléchargement"): Énergie ou information apportée à votre conscience, connaissance ou corps physique

"download" dénergie: Énergie destinée à soigner, réhabiliter ou améliorer

drone: Un véhicule aérien contrôlé à distance par un humain au sol

E

ECETI: Enlightened Contact with Extraterrestrial Intelligence – Contact éclairé avec l'intelligence extraterrestre Groupe de chercheurs de James Gilliland

École des Mystères: Organisations qui détiennent et protègent des enseignements sacrés

émissaire: Quelqu'un envoyé en mission spéciale, généralement en tant que représentant diplomatique

énergie: Puissance en mouvement ou pulsation invisible, de quoi nous sommes faits, comment fonctionne la vie

énergie libre: la capacité de capter l'énergie infinie qui nous entoure

énergie pranique: énergie universelle, force vitale, énergie cosmique

entités négatives: fantômes, esprits ou énergie agaçants, effrayants, irritants mais finalement frivoles

ET: Extraterrestre

état du cerveau thêta: lorsque les fréquences des ondes cérébrales sont lentes, en méditation, en relaxation ou en sommeil

état hypnagogique: état transitoire de l'être pendant l'endormissement ou le réveil

ETLet'sTalk: Site de réseautage pour les gens enthousiasmés par le CE-5

étoile "présumée": étoile aux caractéristiques anormales qui pourrait être un OVNI

Etres Angéliques: êtres célestes / spirituels / se comportant comme un ange

Êtres félins: êtres avancés de caractéristiques félines et humanoïdes

êtres non physiques: Esprits, fantômes, entités, etc. Tout être qui n'a pas de corps physique

Êtres oiseaux: êtres avancés, grands, à plumes bleues, aviaires et humanoïdes

expansion: Description de la prise de conscience de sa vraie nature

extraterrestre: Un être qui ne vient pas de la terre

extraterrestres « négatifs »: autres êtres extraterrestres primitifs qui ont pour vocation d'interagir avant tout pour leur propre intérêt

F

famille des étoiles: un autre terme pour les extraterrestres, se référant également à une ascendance partagée possible

flashbulb: Un petit flash dans le ciel comme un flash d'appareil photo, comme une étoile apparaissant et disparaissant rapidement

Flash Iridium: Satellites qui captaient momentanément la réflexion du soleil et brillaient de mille feux

FREE (Foundation for Research into Extraterrestrial Encounters): Fondation de l'astronaute Dr. Edgar Mitchell pour la recherche sur les rencontres extraterrestres

Frequence vibratoire: La vitesse à laquelle nos parties élémentaires se déplacent, où les vibrations élevées = l'amour, les vibrations faibles = la peur

fusion: Mélange consensuel avec un autre être

G

gaia: Un nom personnifié décrivant notre planète vivante

Grand Esprit: Un terme indigène pour une force spirituelle universelle (Créateur, Dieu, etc.)

grille de Becker-Hagens: Une grille qui recouvre la terre, où convergent des points d'énergie spéciaux

H

Hathors: Des êtres avancés, humanoïdes, maîtres du son, avec de délicates oreilles en éventail

hybride: Un être à la fois humain et un autre être

hyper-saut: saut dans l'hyperespace permettant de voyager plus vite que la lumière

I

Initiative Globale du CE-5: Un mouvement facilitant la réunion mensuelle et unifiée des evènements CE-5 mondiaux

inter-dimensionnel: qui a la capacité de se déplacer entre les mondes / réalités / dimensions

interstellaire: «Entre les étoiles», souvent utilisé pour désigner un vaste espace, et tout ce qui le parcoure

L

Lanceur d'alerte: Quelqu'un qui revèle les secrets et agissements illicites de personnes ou d'organisations néfastes

loi d'attraction: principe selon lequel les sentiments (vibrations) et la pensée créent des manifestations

"low flier": OVNI volant à basse altitude

loi universelle: structure de base du fonctionnement de la vie (c'est-à-dire que nous sommes tous un, vous obtenez en retour ce que vous mettez de côté pour l'Univers)

lumière anormale: lumière qui se comporte d'une manière qui ne peut pas être expliquée de manière conventionnelle

M

Maîtres Ascensionnés : êtres qui ont atteint l'illumination

manifestation: Le résultat final de la création par la pensée, la parole et l'action

mantra: Quelque chose que vous dites encore et encore pour vous aider à méditer ou à vous concentrer

mécanique quantique: théorie physique du comportement des très petites particules

meditation: Formation de l'esprit à se concentrer, se connecter à une conscience mentale

Méditation transcendentale (MT): une technique de méditation créée par Maharishi Mahesh Yogi

merkabah: Un véhicule léger divin créé avec intention en utilisant la géométrie sacrée

météore "présumé" ('streaker'): étoile filante qui pourrait être un OVNI

mise à niveau (upgrade): énergie destinée à guérir ou à déplacer quelqu'un dans une direction positive

Mouvement de divulgation du Peuple: Une organisation qui promeut la divulgation par le peuple

multi-dimensionnel: êtres qui peuvent se déplacer entre les dimensions

N

namaste: "Le divin en moi salue le divin en vous"

Nouvel ordre mondial: un système totalitaire oppressif que la cabale n'a pas réussi à mettre en place

NORAD: North American Aerospace Defense Command (Commandement de la défense aérospatiale de l'Amérique du Nord)

Nordiques: Des êtres avancés similaires aux humains caucasiensdans la forme

O

OCSETI: Okanagan Centre for the Study of Extra Terrestrial Intelligence

Om: Un mantra sacré dans l'hindouisme et le bouddhisme tibétain signifiant «le son de l'univers»

one mind consciousness: la conscience collective

opérations « noires » : (ou black op en anglais) est une opération clandestine d'un gouvernement, projets militaires qui absorbent des sommes obscènes des fonds publics

orbe: une sphère d'énergie et / ou de lumière en mouvement, présentant de nombreuses tailles et couleurs

orbite géostationnaire: en synchronisation avec la terre (pour les observateurs au-dessous de l'objet n'a aucun mouvement)

orientation: Comprendre votre position dans un endroit (pour les adeptes du CE-5, sous le ciel)

out of body experience (OBE): Expérience de sortie hors du corps. Conscience de votre esprit qui s'en détache.

P

Pléiadiens: Des êtres avancés similaires aux humains caucasiens dans la forme

power-up: une orbe de lumière ou flash progressif qui apparaît autour d'une étoile, streaker, satellite, vaisseau

Projet de Divulgation: Une campagne CSETI qui a divulgué des informations sur ET au public

protocole: Une manière définie d'exécuter une tâche

puja: Chanson ou prière sanskrite

R

Ranch, Le: Surnom de l'ECETI

réalité parallèle: un ou des mondes possibles qui coexistent séparément du nôtre

réfraction atmosphérique: scintillement d'étoiles près de l'horizon en raison de couches d'air turbulent

re-unification avec la source: Théorie selon laquelle toutes les parties distinctes de l'univers se rejoindront à un moment ou à un autre

remote viewing (RV ou visualisation à distance): un processus militaire qui recueille des informations en accédant à la conscience collective

Réserve fédérale: une société privée qui a conçu un moyen approuvé de voler votre argent

rêve lucide: sachant que vous rêvez, pendant que vous rêvez

S

satellite "présumé": satellite qui pourrait être un OVNI

slow walker (ou "marcheur lent" en français): terme du Commandement de la défense aérospatiale de l'Amérique du Nord (North American Aerospace Defense Command, ou NORAD) pour un avion

sondes: petites lumières qui visitent de près le groupe et qui peuvent recueillir des informations

Source: Un autre nom pour Dieu, Créateur, L'Univers, etc.

Station spatiale internationale (ISS): une station de recherche en orbite autour de l'espace qui contient des personnes

station spatiale sur les anneaux de Saturne: Une station spatiale réputée à être sur les anneaux de Saturne

« streaker »: Une étoile filante qui pourrait être un OVNI

synchronicité: Pas seulement une coïncidence - un alignement universel des circonstances

T

télépathie/ communication télépathique: Utilisation de l'esprit pour communiquer / recevoir des informations

Télescope Hubble: l'un des télescopes les plus grands et les plus polyvalents lancés dans l'espace

télomeres: zones protectrices d'ADN à l'extrémité des chromosomes

trans-dimensionel: qui a la capacité à se déplacer entre les dimensions

travail de terrain: travail de CE-5 effectué à l'extérieur, dans la nature

U

UAP (PAN): Unidentified Aerial Phenomena (Phénomène Aérospatial Non-identifié)

UFO (OVNI en français): Unidentified Flying Object (Objet volant non identifié)

universel, L'.: l'alpha et l'oméga, tout, tout ce qui existe

V

vaisseaux spatiaux militaires: vaisseaux fabriqués par des humains à partir d'ovnis écrasés

verrouillage (« lock on » en anglais): lorsque vous lancez un signal à un vaisseau avec un pointeur laser ou un projecteur, et qu'ils signalent en retour

vibration: La vitesse à laquelle nos particules élémentaires se déplacent, où les vibrations élevées = l'amour, les vibrations faibles = la peur

Voie lactée: flux d'étoiles dans une bande à travers le ciel, visible uniquement dans les zones très sombres

vortex: Emplacements spéciaux d'énergie accrue ou masse d'énergie tourbillonnante

Z

zénith: La partie du ciel directement au-dessus de vous

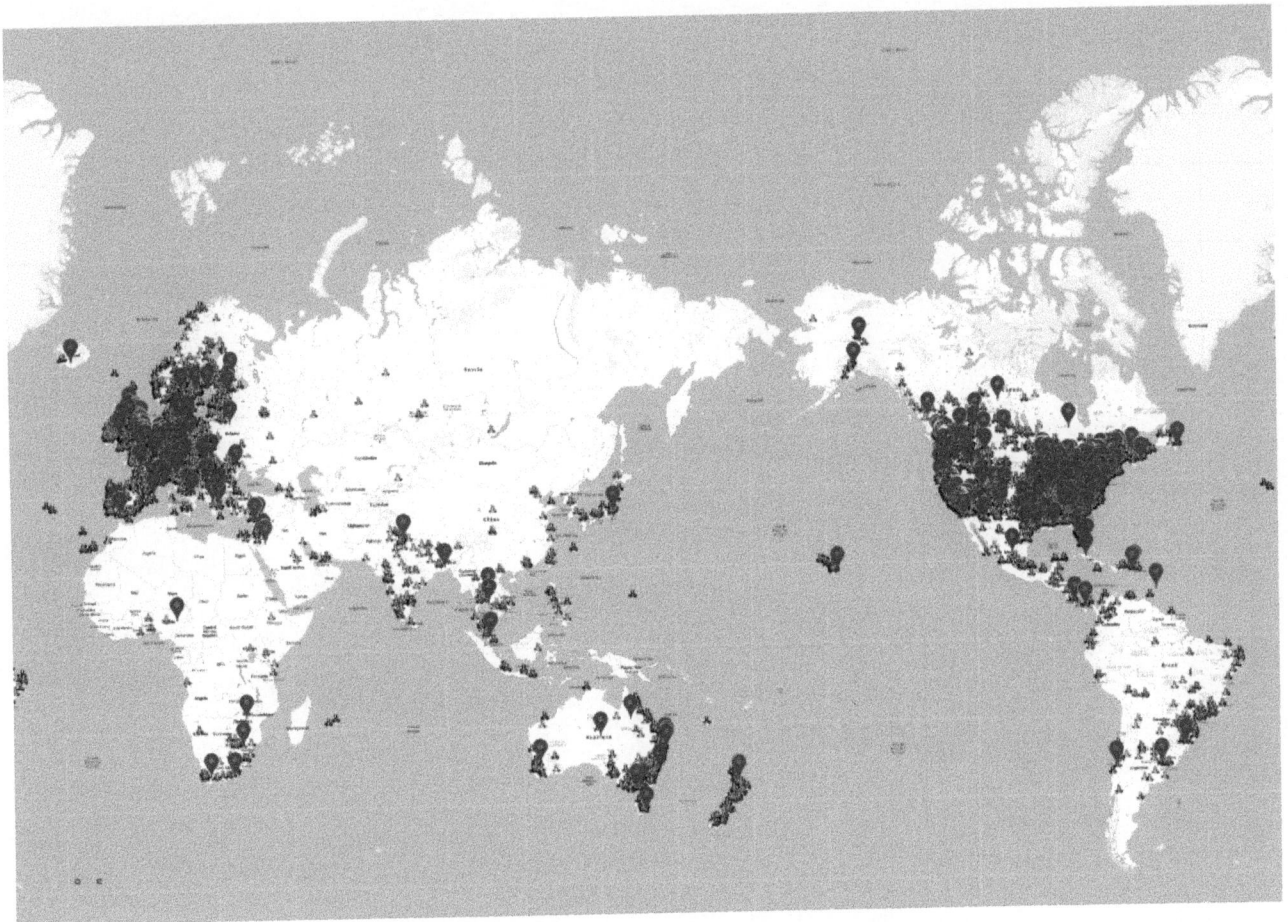

Membres affiliés des deux principaux sites de réseautage CE-5

Lightning Source UK Ltd.
Milton Keynes UK
UKHW051945100222
398491UK00009B/393

9 781999 425562